请默不作声地远离我们的歌队；
那些不懂这样的语言，或是心灵不洁净的人；
那些不晓尊贵的缪斯的仪式的人，或是不会舞蹈的人；
我要对这些人一而再，再而三地说：
请远离我们的歌队；但你们，唤起了我们通宵达旦的狂欢；
它们正适合于我们的盛宴。

阿提卡之夜

（16～20卷）

〔古罗马〕奥卢斯·革利乌斯（Aulus Gellius）/ 著
周维明 虞争鸣 吴挺 归伶昌 / 译

中国法制出版社
CHINA LEGAL PUBLISHING HOUSE

目录

的解释与通常观点相反。

第 4 章 / 58

诗人米南德对诗人菲莱蒙说的话，他经常在喜剧比赛中被后者不光彩地击败；以及欧里庇得斯在悲剧比赛中屡屡输给不知名的诗人。

第 5 章 / 60

在一些吹毛求疵的修辞学家看来，马尔库斯·西塞罗在其《论友谊》一书中，使用了有缺陷的论据，把有争议的事情当作公认的，这绝不属实；对这一点进行了全面而详尽的讨论和分析。

第 6 章 / 63

维里乌斯·弗拉库斯在其所著的《论马尔库斯·加图的隐晦难懂》第 2 卷中，所写的关于专有奴隶的文字是不真实的。

第 7 章 / 65

摘自阿提尼乌斯法的话：“对于被窃之物，失主的所有权是永久的”，在普布里乌斯·尼基第乌斯和昆图斯·斯凯沃拉看来，这不仅与未来的偷窃有关，也同样和过去的偷窃有关。

第 8 章 / 67

在哲学家陶洛斯饭桌上的谈话中常常会提出并且探讨这样的问题：“为什么橄榄油会经常而且容易凝结，酒却较少，醋则几乎不会”以及“河水和泉水会结冰，海水却不会结成冰”。

第 9 章 / 70

关于在盖乌斯·凯撒信中发现的字母符号；以及关于从古代历史中得到的其他秘密字母；以及什么是拉克尼亚棍子（Laconica σκυτάλη）。

第 10 章 / 73

法沃里努斯对维吉尔的诗有什么评价，在其中维吉尔模仿了品达的诗，描述了埃特那山的酷热；他对两人同一主题的诗歌所作的比较和评判。

作为一个法律文本的《阿提卡之夜》

徐国栋

我最早接触奥卢斯·革利乌斯及其《阿提卡之夜》是在研究《十二表法》的过程中，《阿提卡之夜》是转述《十二表法》条文的二十一部古书之一。根据该书，后人还原了第四表第 4 条。《阿提卡之夜》Ⅲ.16.12 这样记载：我知道，妇人如在丈夫死后第十一个月生孩子……，则（因此）发生案件，可能她是在丈夫死后才怀孕的，因为十人团写道，人只经十个月诞生，而不是十一个月。依据这一文本，第四表第 4 条被还原为：婴儿自夫死后十个月内出生的，推定为夫的子女。还是根据该书，后人还原了第六表第 5 条。《阿提卡之夜》Ⅲ.2.12 这样记载：我也读到，法学家昆图斯·马克西姆斯经常说，如果女子以结婚为目的于一月初一开始与某男同居，在明年的一月初一前为了解放的目的离开该男四天。事实上，三夜的期间是《十二表法》规定的为了重获自己的独立需要脱离丈夫的期间。依据这一文本，第六表第 5 条被还原为：如果妇女不愿通过一年的占有被时效取得的方式归顺夫权，她要以每年离家三夜的方式逐年中断时效。

其次，该书还是研究《十二表法》规定的重要材料。它报告了《阿布齐亚法》对《十二表法》的许多规定的取代：但由于时至今日，“无产者”“有产者”“萨那特斯人”“保证人和副保证人”“25阿斯”“同态复仇”“手持一盘，以亚麻布遮羞”的追盗程序，除了在百人团面前审判的程序外，都已被《阿布齐亚法》置于休眠。这些被放在引号内的单词或词组分别代表《十二表法》的如下条文：第一表第4条：“有产者当有产者的保证人，已是市民的无产者，任何愿意的人都可当其保证人。”第一表第5条：“福尔特斯人、萨那特斯人，同样享有债务口约（nexum）权或要式买卖权。”第一表第10条：“保证人、副保证人应担保诉讼当事人于受审时按时出庭。”第八表第4条：“对人施行其他侵辱的，处25阿斯的罚金。”第八表第2条：“毁伤他人肢体而不能达成简约的，应对他同态复仇。”第八表第15b条：“……手持一盘，以亚麻布遮羞……”以上凡6条，涉及远古罗马的民事诉讼法、权利能力法、侵权行为法和盗窃法，对它们的改变非同小可，但《阿布齐亚法》就把它们取代了。但到公元前17年的《阿布齐亚法》时代，《十二表法》规定的百人团刑事诉讼还保留了下来。不难看出，革利乌斯的记述，对于研究罗马的法律变迁史意义重大。

再次，《阿提卡之夜》对《十二表法》的引述被一些学者作为推断今人收集到的《十二表法》片段本来顺序的依据，他们假定革利乌斯的《阿提卡之夜》是按先后顺序引用《十二表法》的。

最后，《阿提卡之夜》的一个记载被作为否定《十二表法》规定的杀害债务人偿债的执行程序的现实性的依据。“确实，没有比这样的规定更残暴的，更不人道的，显然，这样的超级残忍规定如果不是为了立而不用，是不会得到规定的。”

后来，我通过我的波兰朋友扬·扎布洛斯基增进了对《阿提卡之夜》的涉法方面的了解。扎布洛斯基在斯特凡·维辛斯基大学的讲师资格论文就是《家父的权力与人民大会对家庭事务的管辖权：以奥卢斯·革利乌斯的〈阿提卡之夜〉为依据》（1990 年出版于华沙）。尽管英国人 D.T.Oliver 能写出《奥卢斯·革利乌斯著述中的罗马法》叫人感佩单利乌斯的《阿提卡之夜》的法律性，扎布洛斯基的专著更让我感佩《阿提卡之夜》专项提供罗马家庭法研究素材的能力。

那么，《阿提卡之夜》到底为我们提供了哪些罗马家庭法方面的素材？

第一，它详细记载了进行自权人收养的程式。此等收养要在大祭司的领导下召集被称作库里亚会议的民会上进行，该会负责审查收养人的年龄是否大于 60 岁，是否不能再生育，小于 60 岁的人被认为具有生育的可能；是否具有借收养侵吞被收养人财产的用心，因为一旦收养成立，在养父与养子间发生活人间的继承。收养的正当原因还有收养人自己是否有一个或更多的孩子，收养人与被收养人的贫富差距等。最后，收养人要用大祭司昆图斯·穆丘斯·谢沃拉设计的誓言发誓。在场的民众要被询问是否准许实施此等收养，其措辞是这样的："你们愿意并命令路求斯·瓦雷流斯根据法并依据法律成为路求斯·蒂丘斯的儿子，仿佛他早就进入后者家庭并成为其成员，拥有同样的父亲和母亲吗？你们愿意并命令他的新父亲对他享有父亲对儿子的生杀权吗？哦！罗马人！你们的所言就是事情的结果，请你们决定吧！"

第二，它介绍了拉丁姆地区居民的订婚程序。通过援引塞尔维乌斯·苏尔皮基乌斯·鲁福斯的《论嫁资》和内拉蒂的《论婚姻》两部著作，革利乌斯告诉我们：在《关于向拉丁人和盟友授予市民身份的优利亚法》颁布之前，订婚根据习俗进行，具体而言，采用两个誓约的形式：要娶妻的男方，需要从未来妻子的保护人那里获得一个要式口约，内容是将女子交给他为妻，未来的丈夫也要求作出类似的承诺誓约。但如果在订立这些要式口约之后没有交付该女子或没有接受该女子，要式口约的提出人取得"誓约之诉”。承审员要审查拒绝交出女子或接受女子的理由。在无正当理由的情形，判处违约方对争议估计的损害赔偿额，外加将誓约人因拒绝所获得的利益总额判给要式口约的提出人。这些规则也适用于罗马，在那里也采取“誓约”的形式允诺把女子交给男子作为未来的妻子。

第三，它揭示了罗马妇女们承受的一些限制。如果她们喝酒，不仅要丧失民事名誉，而且要被罚款。被当场逮住的奸妇，丈夫可以不经法律程序（审讯）杀死之，并免受惩罚。如果丈夫实施通奸行为，妻子无权动他一指。

第四，它报道了罗马历史上的第一例休妻。其主人公是塞尔维尤斯·卡尔维流斯·鲁加，他是听取了朋友的建议休妻的。

第五，它报道了“宣布与家祭圣事脱离关系”制度。按扎布洛斯基的论述，该制度仅通过革利乌斯的记述为人所知。按这一制度，不配的人不仅被有效地排除在家庭圣事之外，而且在家父死后其继承遗产的权利也被有效地排除。“宣布与家祭圣事脱离关系”是剥夺继承权制度的原型。

第六，它报道了“不分遗产的共同体”制度。扎布洛斯基告诉我们，这一制度也是奥卢斯·革利乌斯首先使后人知晓的。

等等。

由于对《阿提卡之夜》的法律性的认知，利用一次出差意大利的机会，我买了一套拉丁文—意大利文对照的《阿提卡之夜》，经常援引于我的写作中。例如，大长官与小长官的选举程序的区分、persona 一词与 personare 一词的渊源关系、religiosus 一词的含义、遗嘱是“意思的证明”（mentis contestatione）的说法、拉丁文 frater 和 soror 的词源学含义、西塞罗佚失的法典编纂著作（De iure civili in arte redigendo《论以体系的方式分开并整理市民法的必要性》）、交给敌人的长官被退回后能否恢复罗马公民身份问题，等等，都是从《阿提卡之夜》获得的，可以说，这套书我买得值，因为利用率很高。

正在为如此良书没有中译本惆怅之际，得到周维明、虞争鸣、吴挺、归伶昌已翻译此书的头几卷并将在中国法制出版社出版的消息，很快得到了已完成部分的译稿并阅读之，感到译文流畅、达意，内容幽默多趣，而且即使在这几卷中，法律内容也颇多，例如，刑事犯定罪的表决问题、助友与护法的关系问题、伪证问题、债的含义问题、罗马国家保护婚姻的态度（“城邦若没有大量的婚姻就不能生存”）、父母剥夺做坏事的儿子的继承权问题、罗马公民身份的价值问题、维斯塔贞女的选拔程序和法律地位问题、委任的授权范围问题、元老院的议事程序问题、休战一词的法律含义问题、私法身份与公法身份的冲突问题、控告的程序问题、记录抹杀刑的适用问题、家父权与国家权力的关系问题，等等，故欣然允诺为之作序。而且感叹此书与中国法制出版社匹配的正当，因为如果说《阿提卡之夜》反映的是一个世界，那么，这个世界的相当部分是法律的，不妨当做一个法律文本来阅读。

奥卢斯·革利乌斯作为一个语法学家为人所知，确实，他往往从语言学的角度分析各个领域的问题，包括法律问题。他在雅典留学时学习的科目是修辞学和哲学，就是在这时他写下了《阿提卡之夜》，尽管他回到罗马后担任法官或仲裁员，这段经历应与此书的法律性无关，因为此时《阿提卡之夜》已完成了。所以，此书的法律性只能从罗马人生活的法律性得到理解。既然他们按法律生活，反映生活的书籍自然多法律内容。《阿提卡之夜》是一本百衲书，作为一个具有法律头脑的人民的精神产物，被它辑录的古书也是法律性的居多。

我国罗马法研究首先经历了外国教科书中国化阶段，该阶段奠定了这个学科的基础，功不可没，但有从第二手资料出发的遗憾。自 1989 年桑德罗·斯奇巴尼教授和江平教授、黄风教授完成中意法律建交后，大量的罗马法律文献被译成中文，一批能直接利用拉丁文的原始文献的学者也成长起来，我国的罗马法研究进入了法律原始文献阶段，这是一个很大的提升。但美中不足的是，法学原始文献和文学原始文献从来都是西方学者研究罗马法的两个支撑，我国学者在利用文学原始文献方面还有所不足，《阿提卡之夜》是典型的文学原始文献，相信其翻译出版对于把我国的罗马法研究推入法律原始文献和文学原始文献并重阶段将起到促进作用。故此书之译之出，善莫大焉！

是为序。

《阿提卡之夜》译者序言

《阿提卡之夜》的作者是奥卢斯·革利乌斯（Aulus Gellius）。遗憾的是，由于资料的佚失，我们对他的生平知之甚少。从现有资料中，我们知道他出生于公元 125 年，是古罗马帝国的文学家和语法学家。他可能出生于罗马的一个非常富裕的家庭中并在那里长大接受成人礼，随后在雅典受教育，然后返回罗马从事司法工作，担任过一段时期的民事裁判员。他在工作时力求认真细致，广泛地阅读希腊文、拉丁文著作，向有关行家求教。革利乌斯卒于公元 180 年，《阿提卡之夜》是其唯一的传世之作。

据作者自述，《阿提卡之夜》是其在阿提卡的漫漫长夜中阅读各种书籍时所做的笔记。其内容则是哲学、历史、文学、美学、法学无所不包；天文地理、三教九流、风土人情、文化娱乐、吃穿住行无所不涉；散文杂记、传说典故、诗词歌赋应有尽有，真可谓地地道道的希腊罗马社会的百科全书。该书的成书时间没有明确的考证，中世纪的一位学者在一份古代抄本中标注此书成书于公元 169 年。革利乌斯在此书中基本不涉及当代事件，也不涉及希腊罗马社会中的很多尖锐矛盾和政治问题，也很少表露自己的政治爱好与倾向。值得法律人和罗马法学者及爱好者注意的是，书中有大量的涉及希腊、罗马法律的篇章，内容涉及法哲学、刑法、民法等学术领域，是非常重要的罗马法和西方法律史参考资料。

《阿提卡之夜》全书共分二十卷四百三十八章，详细的章目附于正文之前，以方便作者能很快地浏览全书概要并从中寻找相应的篇章。这部著作基本完整地保存了下来，其中第八卷只剩目录，第六卷缺开头部分，第二十卷缺开头与结尾部分。

《阿提卡之夜》在西方文学史与希腊罗马历史上占有重要地位。几乎全部的有关西方古典学的重要著作均提及或引用了该书的内容。比如王焕生先生的《古罗马文学史》，约翰·埃德温·桑兹的《西方古典学术史》等等，钱钟书先生在《管锥编》里也大量摘录该书内容。值得一提的是，古往今来的许多法学家也大量引用该书的内容。比如，黑格尔在《法哲学原理》中就引用过《阿提卡之夜》的内容，耶林在《罗马法精神》中则对该书大加援引。现代欧洲许多大名鼎鼎的法学家，如弗卢梅在其《德国民法总论》中、维林在其《德国物权法》中、齐默尔曼在其《民法传统的罗马法基础》中均对其大量引用。鉴于该书在罗马法研究上的重要价值，无论中国与外国的罗马法学者，没有不引用该书的内容的。例如，在第 12 届中东欧国家和亚洲国家罗马法学者研讨会上，波兰著名罗马法学者扎布洛斯基教授就提交了基于《阿提卡之夜》而写就的论文，我国著名的罗马法学者徐国栋教授也在其《李维时代罗马人民的跨民族法体系》一文中引用过该书的内容。

革利乌斯在《阿提卡之夜》中所参阅的古典书籍大部分已经遗失，因此该书成了非常宝贵的材料，是许多相关古代作品的唯一来源。作者曾经从事过司法实务工作，因此在书中也保留了大量与罗马法有关的材料，是罗马法学者取之不尽、用之不竭的知识宝库。译者曾拜读过其中一些讨论罗马法的章节，为其所探讨的问题的深度、广度、引注文献的丰富、讨论问题所持视角的新颖性所震撼。有了可供参考研究的《阿提卡之夜》的译本，就能给国内罗马法学界提供更为丰富的参考文献。

尽管《阿提卡之夜》涉及的题材很多，但是书中的思想倾向是统一的，那就是厚古薄今。革利乌斯知识渊博，但是理解并不算十分深刻；他对所提出的问题仅仅罗列种种资料，少见进一步的研究与探讨；他旁征博引，却很少下最终定论。尽管如此，《阿提卡之夜》还是为我们提供了古代希腊罗马社会的一幅丰富多彩的画卷，是我们研究古代历史、文化、法律的重要参考文献。

《阿提卡之夜》的重要性与学术价值已如前述。但是由于种种原因，该书在中国连引注、介绍都属凤毛麟角，更遑论有全译本了，而且迄今为止似乎也很少有人愿从事这方面的工作。于是我们西方古典语言自学群的几位管理员，不揣冒昧，自告奋勇，承担了全书的翻译工作。由于该书卷帙浩繁，牵涉的知识面极广，加上其使用的是较为晦涩难懂的白银时期的拉丁文，为保证翻译质量，故先译出该书的部分卷册，权作抛砖引玉。在充分吸收各位方家的批评的基础上，再陆续将后续各卷译出，以飨读者。

本书翻译所据的拉丁文原著为：

1. Gellii Noctes Atticae, ed. P. K. Marshall, 2 vols. (Oxford Classical Texts, Oxford, 1968, rev. 2004).（即《牛津古典文献丛刊》版）

2. A. Gellii Noctium Atticarum libri XX, ed. C. Hosius, 2 vols. (Lipsiae in Aedibus B.G. Teubneri,1903).（即《托伊布那希腊罗马文献丛刊》版）

3. The Attic Nights of Aulus Gellius, ed. and trans. John C. Rolfe, 3 vols. (Loeb Classical Library, London,1927).（即《洛布古典文库》版）

上述各版本若有不同之处，择善而从。

此外还参考了上述洛布版的英译文以及下列各种译本或者评注本：

1.Aulu-Gelle, Les Nuits Attiques, ed. Rene′ Marache (vols. i–iii), Yvette Julien (vol. iv), 4 vols. (Paris, Les Belles Lettres , 2002).（即《布袋文库》版）

2.Auli Gellii Noctes Atticae ex Editione Jacobi Gronovii cum Notis et Interpretatione,(Londini,1824).

3. Aulus Gellius, Die attischen Nächte, trans. Fritz Weiss, 2 vols. (Leipzig, 1875).

4. The attic nights of Aulus Gellius translated by W. Beloe. (London,1795).

5. Les nuits attiques d'Aulu-Gelle, traduites en français avec le texte en regard et accompagnées de remarques, par Victor Verger,(chez F.I. Fournier, Libraire, 1820).

翻译过程中，译者考虑到中国读者的阅读方便而增加了许多注释，绝大多数注释是我们自己参考各种资料做的，少量注释参照了洛布版英译文和其他版译文的注释。

读者对我们的译本若有批评建议，可发邮件至 8zwm8@163.com。

翻译历时之久，真可谓是夙夜匪懈，艰苦备尝，中间几度产生知难而退的念头。幸亏有良师的谆谆教导与挚友的热情鼓励，方使我们能够持之以恒，继续从事这卑微劳苦的工作。如果该书能够对中国的古典学和罗马法研究有些微贡献的话，套用一句老话，吾当馨香以祝之矣！

周维明、虞争鸣、吴挺、归伶昌

谨识

序　言

（1）能够发现其他更加有趣的作品[1]，以此专供我的孩子们作为消遣之用，以使他们的心灵能在操劳之余享受轻松愉快。（2）我采用了我先前做摘录时所使用的随意的顺序。因为我在手捧希腊文和拉丁文的书籍之际，或是听到什么值得一记的事情之时，我会信手记录下各种各样能让我着迷的东西，就像建立一座文学的宝库那样，以供我回忆之用。这样，在我需要用到某个词或是某个话题而突然想不起来之时，以及我从中做摘录的书不在手头之际，我可以很容易地找到并使用它们。

（3）因此，在笔记中也有跟我之前以简洁明了、信手拈来的方式写下的，作为博闻广读的成果的笔记一样的无规则性。（4）如我所说，我是在阿提卡（Attica）[2]的乡间于漫漫冬夜中开始搜集这些笔记以供消遣的，因此我称它们为“阿提卡之夜”。我并不是想刻意模仿那些精通两种语言的作家们为此种类型的作品而写

1　此句原文不完整，前面有佚失。

2　阿提卡（Attica），希腊中东部古代地区。东面和南面濒临爱琴海，包括萨拉米斯岛；主要城市有雅典、比皮拉埃乌斯和埃莱夫西斯。其沿海地区因海上贸易而繁荣。最早的居民是佩拉斯奇人，公元前2000年是迈锡尼文明的中心。约公元前1300年爱奥尼亚希腊人入侵。公元前700年在忒修斯王的努力下，该地区并入雅典。

下的极好的标题。（5）这些作家搜集了各种各样，斑驳陆离，仿佛是杂乱无章的知识，因此他们发明了很多巧妙的标题以求名实相符。（6）有些人给他们的作品取名为“缪斯（Musarum）”[1]，有些人则取名为“森林（Silvarum）”[2]；某人使用了“雅典娜的绣袍（Πέπλον）”[3]一词来为自己的作品冠名，另一人则用了“阿玛尔忒亚之角（Ἀμαλθείας Κέρας）”[4]；有人使用“蜂巢（Κηρία）”一词，另一些人则使用“蜂蜜酒（Λειμῶνας）”一词；某人称自己的作品为“他自己的读书心得（Lectionis Suae）”，另一人则称其为“古文选读（Antiquarum Lectionum）”；有人用“花束（Ἀνθηρῶν）”，有人用“探索（Εὑρημάτων）”。（7）某些人用“明灯（Λύχνους）”，某些人用“挂毯（Στρωματεῖς）”；某些人用“大全（Πανδέκτας）”，另一些人则用“赫利孔山（Ἑλικῶνα）”[5]“问题集（Προβλήματα）”“手册（Ἐγχειρίδια）”“短剑（Παραξιφίδας）”之类的名字。（8）某人用“回忆录（Memoriales）”作为题名，另一人则用“实践（Πραγματικὰ）”为题，还有人用“附录（Πάρεργα）”，更有人用“教程（Διδασκαλικά）”。

1　缪斯（Μοῦσαι，Musae）是古希腊神话中科学、艺术女神的总称，为主神宙斯与记忆女神谟涅摩叙涅所生。缪斯女神的数目不定，有三女神之说，亦有九女神之说。最经典的九位缪斯的说法是：欧特碧（音乐）、卡莉欧碧（史诗）、克莉奥（历史）、埃拉托（抒情诗）、墨尔波墨（悲剧）、波莉海妮娅（圣歌）、特尔西科瑞（舞蹈）、塔利娅（喜剧）、乌拉妮娅（天文）。

2　比喻原始形态的材料。作者以此为书名，是对自己的著作的自谦说法。

3　是在为纪念雅典娜女神而每四年举行一次的泛雅典娜节（Panathenaea）上献给雅典娜女神的崭新的绣袍，由雅典城的处女们织就，上绘神话传说，英雄业绩，阿提卡的历史场景，名人肖像等图案。作者以此为书名，有炫耀自己的著作的内容就像绣袍上的图案一样五花八门之意。

4　据古希腊神话传说，宙斯出生时，正值其父克洛诺斯当权，母亲瑞亚害怕宙斯被其残暴多疑的父亲吞食，遂将其藏到克里特岛，交由三位仙女抚养。在岛上，有一只母山羊为他提供神圣的乳汁，一只雄鹰则给他带来仙酒。每当他哭叫时，瑞亚的仆人们就到摇篮边为宙斯跳舞，并用短剑敲击铜盾掩盖他的哭声，因此克洛诺斯一直未发现这一秘密。宙斯在岛上一天天茁壮成长。一天，他和母山羊玩耍时不小心推倒了她，摔断了一支美丽的羊角。仙女阿玛尔忒亚赶忙为她治伤，宙斯则拾起这只羊角，赋予它神奇的魔力，并将它赠给了这名善良的仙女。这只羊角从此被称为“阿玛尔忒亚之角”，又称为“丰饶之角”，因它能出产各种美味的食物。作者以此为书名，有炫示自己的著作的内容就像“丰饶之角”一样丰富多彩之意。

5　赫利孔山（Ἑλικῶνα），比奥细亚的名山，是阿波罗和文艺女神缪斯的圣地。

还有诸如“自然史（Historiae Naturalis）”“全史（Παντοδαπῆς Ἱστορίας）”“草地（Pratum）”“硕果累累（Πάγκαρπον）”“论题（Τόπων）”之类的书名。（9）很多人称他们的笔记为“杂记（Coniectanea）”，另一些人则称其为“道德书简（Epistularum Moralium）”，“问题或杂题书简（Epistolicarum Quaestionum aut Confusarum）”。还有其他很多极具智慧和极其巧妙的书名。[1]（10）我自己学识浅薄，思虑不周，仓促付梓再加上文笔粗鲁，所以给自己的作品取名为“阿提卡之夜（Atticas Noctes）”，因其写于阿提卡的漫漫冬夜中的缘故。虽然在文风上力求典雅，但是我仍然自承自己的书名远逊其他所有作家的作品。

（11）我做这些摘录与笔记的目的也不与我之前提及的大多数作家相同。因为他们全部，尤其是希腊人，在博览群书后兼收并蓄，汇集成书，仅追求数量的多寡。阅读这样的选集只会让人昏昏欲睡，心生厌恶，提不起精神去阅读那些要么令人感兴趣，要么值得一读，要么有助记忆的章节。（12）而我，则把那位以弗所人（Ephesius）[2]的广为人知的谚语铭记在心：“读书破万卷，未必得真知（πολυμαθίη νόον οὐ διδάσκει）。”我在工作之余忙里偷闲，从卷帙浩繁的著作中穿梭，毫无休息，真可谓是殚精竭虑。我从中选出了一小部分内容，以简明易读的方式加以编排，希望能够要么引导那些孜孜不倦的，有着天才思想的人们去追求自由的学习与对有用的技艺的研究，要么把那些碌碌于养家糊口的人从对野蛮粗鄙之事以及对语词的无知中拯救出来。

1 上面所引的30个书名之中，半数可以确定其作者，其中许多书名见于本书各处。

2 指赫拉克利特（Ἡράκλειτος，公元前540年—前480年），伊奥尼亚哲学家，辩证法的奠基人之一，生于以弗所一个贵族家庭。他本来有权继承王位，但是他将王位让给了他的兄弟，自己则跑到女神阿尔忒弥斯庙附近隐居起来。波斯国王大流士曾致信邀请他去波斯宫廷讲解自己的学说，但被其傲慢地拒绝了。赫拉克利特认为万事万物的本源是火，宇宙就是一团永恒的活火，按照一定的尺度和规律而变动。这尺度和规律就是所谓的逻各斯（λόγος）。其生平事迹可参见《名哲言行录》之第九卷第一章《赫拉克利特》篇。

（13）笔记中有一些在文法上、逻辑论证上或是几何学上晦涩难懂之处。也可能会有少许令人莫名其妙的论及占卜师和祭司的法律的内容。读者不应当因为它们没有用处或是难以理解而对其置之不理。我没有对这些错综复杂的问题做一番刨根问底的研究，而仅是奉上最初的成果，作为对各种高雅技艺的预先品尝。即便是受过一般教育的人，如果没有耳闻目睹过这些内容，就算没有害处，至少也属于孤陋寡闻。（14）因此，对于那些碰巧有暇并且有兴趣翻阅我的呕心沥血之作的人们，我有如下请求：倘若读到了什么他们早已知道的内容，不要斥之为众所周知的陈词滥调。（15）我的著作颇讨人欢喜，因为它既没有在学校里周而复始教授的内容，也没有在前人著作中老生常谈的内容。（16）此外，如果读者们从此书中发现了什么新奇的东西，我认为这样做是公正的：不沉溺于无用的批评之中，而是扪心自问，这些发现，尽管微不足道，但终究是没有激起学习的欲望的能力？或是太过于乏味而不能滋养迟钝的心灵？或是它们不具备那些种类的萌芽，人们能借此变得更成熟，天性变得更活跃，记忆变得更丰富，演讲变得更有力，谈吐变得更真诚，闲暇之余更快乐，游戏之时更豪爽？（17）对于那些看起来表达得不够清晰，或是不太完善的部分，我再次请求我的读者们，将此书看作是为提供线索的目的而不是为教导的目的而写作的。这样，读者们就可以满意于它们所指出的道路，如果读者们愿意的话，可以在书本与教师的帮助下按图索骥。（18）读者们要是发现了什么可指摘的内容，则请他们，如果有胆量的话，去指责我从其著作中做摘录的作家。如果读者们发现了某些地方的叙述与我的不尽相同，则请他们不要贸然指摘，而是应去考虑如此叙述的理由和这些作者的权威性，它们是其他作者和我所一致遵循的。

（19）对那些不能在书中找到乐趣或是不能专心于阅读、提问、写作、记录的人来说，对那些不能像我一样秉烛夜读的人来说，对那些不能从与相同的缪斯的追随者的论辩中提高自己，反倒肆行横暴之事的人来说最好还是远离“阿提卡之夜”，另谋高就吧！有句古话说得好：

夏虫不可言冰，蟪蛄不知春秋！

（nil cum fidibus graculost，nihil cum amaracino sui）

（20）另外，考虑到它可能激起某些半瓶醋的读者们的愤怒与嫉妒，我从阿里斯托芬[1]的歌队[2]里借来了几首抑抑扬格[3]诗，这位最具智慧的人士曾将此作为他的作品的观众们必须遵守的规矩。我也将这些规矩推荐给本书的读者们：无知庸俗，讨厌缪斯的戏剧的庸人，既不要碰它也不要接近它，远离音乐游戏。

（21）以下是该诗立下的规矩：

请默不作声地远离我们的歌队；
那些不懂这样的语言，或是心灵不洁净的人；
那些不晓尊贵的缪斯的仪式的人，或是不会舞蹈的人；
我要对这些人一而再，再而三地说：
请远离我们的歌队；但你们，唤起了我们通宵达旦的狂欢；
它们正适合于我们的盛宴。[4]

（22）我至今已经完成了二十卷的笔记。（23）如果我能活得像神所希望的那样长的话，我将把照看家庭，教育孩子之余的闲暇时间都投入到搜集与前书相似的简明有趣的笔记中去。（24）因此，此书的卷数，在神的恩惠下，将会与我人生的岁月同步，

1 阿里斯托芬（Ἀριστοφάνης，约公元前 448 年—前 380 年），古希腊早期喜剧代表作家，雅典公民，生于阿提卡的库达特奈昂，一生大部分时间在雅典度过，同哲学家苏格拉底、柏拉图有交往。相传他写有四十四部喜剧，现存《阿卡奈人》《骑士》《和平》《鸟》《蛙》等十一部，均属现存于世的最早的希腊喜剧，有“喜剧之父”之美称。其著作的中译本可参见《古希腊悲剧喜剧全集》（张竹明、王焕生译，译林出版社 2007 年第 1 版）第 6、7 卷。

2 歌队是古希腊戏剧中的一个特殊角色，一般由十二人或十五人组成，其成员头戴面具，一边舞蹈一边歌唱，向观众介绍剧情，发表见解，进行评述，有些类似于现代戏剧中的旁白。

3 抑抑扬格是由两个非重读音节和一个重读音节组成的音步。含三个音节，即轻—轻—重。

4 这段文字改编自阿里斯托芬的喜剧《蛙》第 354 ~ 371 行。中译文可参见《古希腊悲剧喜剧全集》第 7 卷之《蛙》边码第 354 ~ 371 行。

无论它是长是短。只要保持我现在写作与做笔记的能力就行了，我并不指望能活得更长。

（25）我把每篇笔记的标题都放在一起，这样立即就能知道在每卷中能找到和发现什么。

第16卷

若你经由劳苦做了美善之事，

这份劳苦会逝去，

但那份美善将会留存；

若你经由愉悦做了丑恶之事，

这份愉悦会逝去，

但那份丑恶将会留存。

第 1 章

希腊哲学家穆索尼乌斯实用的、值得聆听与铭记的话；同样有益的箴言，加图也于很多年前在努曼提亚对骑士们说过。

（1）当我年纪尚轻，还在上学时，就听说过我抄录于下的这则出自哲学家穆索尼乌斯（Musonius）[1]之口的希腊格言，由于这话说得如此真切而睿智，用词如此精炼而圆满，我非常乐意回想起它：（2）“若你经由劳苦做了美善之事，这份劳苦会逝去，但那份美善将会留存；若你经由愉悦做了丑恶之事，这份愉悦会逝去，但那份丑恶将会留存。”

（3）后来我在加图（M. Cato）[2]的演讲《在努曼提亚（Numantia）[3]向骑士们致辞（Numantiae apud Equites）》中读到了这一同样的格言。不过相较我前面说的那个希腊格言，加图的格言表达得略

1 即盖乌斯·穆索尼乌斯·鲁福斯（Gaius Musonius Rufus），他是罗马哲学家，而非希腊哲学家。参看本书第 5 卷第 1 章注。

2 加图（M. Cato）参看本书第 1 卷第 12 章注。他是公元前 195 年的执政官，他在攻克了恩波利埃城（Emporiae）之后溯埃布罗河（Ebro）而上，抵达努曼提亚附近。

3 努曼提亚（Numantia）是位于现代西班牙索里亚（Soria）附近的一个凯尔特伊比利亚人（Celtiberian）城镇，曾是凯尔特伊比利亚人抵御罗马人的中心。公元前 133 年在小西庇阿的围困之下陷落。

显松散冗长。尽管如此，由于它时间更早，更古老，理当被视为更加值得敬重。（4）演讲中的话是这样的：“你们当牢记在心：如果你们以辛劳的方式行高尚之事，辛劳很快就会离你们而去，而你们的善行在你有生之年不会离开；但如果你们以享乐的方式行恶劣之事，享乐会很快消失，但恶行却会永远和你相伴。”

雅典学派

〔意〕拉斐尔（1483 年～ 1520 年）

第 2 章

辩证家在询问与讨论时依据何种规则；这种规则有何缺陷。

（1）人们说辩证法的规则是：若是就某事进行询问与辩论，当某事问及于你，让你回答时，那么，对所问及的问题，你只需给予肯定或者否定的答复，无须多说。若是谁不遵守这个规则，回答问题或者说太多，或者说太少，就会被视为没有教养，没有遵从辩论的方法和规则。（2）无疑，他们所说的这个规则，确实应当在大多数的辩论中得以遵循。（3）一次讨论，若是不被限于简单明了的询问和回答，就会变得无止无尽。

（4）不过实际上似乎还有一些讨论，若是你在其中简洁地答复问题，就上了圈套。（5）比如，若有人如此问道："我要求你回答，你是否停止了通奸？"不管你按辩证法的法则作何种答复，或肯定或否定，都陷入了一个陷阱，仿佛你说自己是个通奸者……[1]而对方并没有这样说。（6）因为，你不停止一件事，并不必然意味着你在做这件事。（7）因而这是一个诡辩的假象，绝不可能导向这样的推断和结论：某人否认自己放弃通奸，他便犯有通奸。

1　此处有阙漏。

(8)这种法则的捍卫者面对这种必然会使他们陷身其中的诡辩将会怎么办呢，若是他们的答复不比提问更加充分的话？(9)如果我问他们中间的某个人：“你是拥有还是不拥有你所没有丢失的某件东西？我要求你回答‘是’或者‘否’。”无论他如何简略回答，都落入了陷阱。[1](10)因为，若是他否认，说自己不拥有不曾丢失的东西，可以得出结论，此人不拥有他所没有丢失的眼睛；但若是他说他确实拥有他所不曾丢失的东西，可以得出结论，此人拥有他所没有丢失的犄角。(11)因而如此回答更为妥当可靠：“我原先拥有的东西，如果没有丢失，我仍然拥有。”(12)然而这种答复不是根据我们前述的那条法则做出的，它所回答的多于所问。(13)所以，通常会对这一法则加上这一条：不必答复带有陷阱的问题。

1　这个关于犄角的问答又见于本书第18卷第2章。

第3章

医生埃拉西斯特拉托斯说，万一食物缺乏，可采取何种方式，以便暂时忍受禁食，忍受饥饿；埃拉西斯特拉托斯本人关于此事的原话。

（1）在罗马，我常常整天和法沃里努斯（Favorinus）[1]在一起，此人用最美妙的话语吸引了我的心，无论他去哪里，我都追随着他，仿佛完全被他的言语所俘获。他总是这样用最为迷人的谈论让人陶醉。（2）一次他去探望一位病人，我随他一起进去，医生们恰好也在场，他就病人的病情用希腊语对医生们谈了许多："而且不应当对这件事大惊小怪，原先他总是贪吃食物，现在，听从吩咐禁食三天之后，先前的食欲消退了。（3）因为埃拉西斯特拉托斯（Erasistratus）[2]的记述与事实极为相近，"他说，"饥饿是肚腹之内，肠道与胃囊之中，空空荡荡，开阔通畅所造成的。当这些地方或者被食物所填满，或者因长时间空置缩紧而且闭合的时候，这些收纳食物的场所，要么满而无空，要么紧而无隙，它们期冀获得食物的

1 参看本书第1卷第3章注。

2 埃拉西斯特拉托斯（Erasistratus），公元前3世纪前半期人，凯奥斯（Ceos）人，医生，从事医学实践和解剖学研究，曾在亚历山大城创建了一所解剖学学校。

意愿就随之消退了。”（4）他指出，埃拉西斯特拉托斯曾说，西徐亚人（Scythes）在必要的时候，也会为了延长忍饿时间用东西把肚子上绑得紧紧的。人们相信这样压紧肚子可以逐走饥饿感。

（5）那一次，法沃里努斯极其和蔼地讲述了这些事以及其他许多这类事情。（6）而后来，当我碰巧读到埃拉西斯特拉托斯的《解剖学（διαιρέσεις）》第1卷时，在书中看到了我听法沃里努斯说的那些话的原文。（7）埃拉西斯特拉托斯论及此事的原文如下：“因而我推测长久的禁食是通过腹腔的强烈收缩而实现的。那些出于自愿而禁食的人们，刚开始时饥饿会随之而来，而后就不再出现。”（8）下面还有一些：“西徐亚人也习惯在因任何情况而被迫禁食的时候，用宽带紧紧绑住腹部，希望这样一来，饥饿带给他们的苦头会少些。此外，当胃里充满食物时，因为当中没有空间，人们就不会感到饿；同样，当腹部极度缩合时，也没有空间。”

（9）在同一部书中埃拉西斯特拉托斯还谈到，某种不可忍受的强烈饥饿，希腊人称之为 βούλιμος（极饿）的，在酷寒之日远比在风和日丽之时更加容易出现。为何这种症状大多在这个时候发作，其原因于他而言尚属未知。（10）他叙述此事的原话如下：“关于此事以及关于其他和极饿有关的事，尚难以发现其原因且有待观察：为何这种症状在寒冷的天气里要比在温和的日子里出现得更多。”

第 4 章

人民决定对某方开战之后，罗马人民的外事祭司团通常以何种仪式、何种言词向他们宣战；同样，有关禁止士兵偷窃的誓言是以何种言词表达的；以及，招募到的士兵须得在指定的日期到达某个地点的誓言，除非出于某些原因可以解除此誓言的束缚。

（1）金西乌斯（Cincius）[1]在其《论军事学（De Re Militari）》第 3 卷中写道，罗马人民的外事祭司团（Fetiales）[2]成员在对敌人宣战、将长矛扔到他们的土地上的时候如此说："鉴于海尔蒙杜鲁斯（Hermundulus）[3]民族和海尔蒙杜鲁斯民族中的人们对罗马人民发动了战争，对他们犯下了罪过；亦鉴于罗马人民因此原因决定向海尔蒙杜鲁斯民族及海尔蒙杜鲁斯人开战，我暨罗马人民宣布并且发动针对海尔蒙杜鲁斯民族及海尔蒙杜鲁斯人的战争。"

（2）同样在同一个金西乌斯的《论军事学》第 5 卷中如此写

1　即卢基乌斯·金西乌斯（L.Cincius），经常被混同于编年史家卢基乌斯·金西乌斯·阿利门图斯（Lucius Cincius Alimentus），后者参加过第二次布匿战争。此处的金西乌斯要迟一些，是一个法律和语法方面的专家，他的著作曾得到李维的引用。

2　外事祭司团（Fetiales）成员来自贵族家庭，终身任职。负责处理外族事务，关注与宣战和缔约有关的仪式。宣战时，祭司用力投掷矛穿过边界插到敌人界内。

3　不详。

道："古时进行征兵并且招募到士兵后，军团将官逼迫他们按如下誓词宣誓：'在盖乌斯的儿子、执政官盖乌斯·莱利乌斯（Gaius Laelius）[1]和普布利乌斯的儿子、执政官卢基乌斯·科尔内利乌斯（Lucius Cornelius）[2]的军队里面，以及在周边一万步（passus）之内，你将不会单独或者与他人一道，蓄意在一天之中盗窃价值大于一个银塞斯特尔提乌斯的财物。除了一根长矛、一根长矛杆、木材、果实、粮草、一只皮袋、一个钱包、一支火炬，如果你在此处发现或者拿走不属于你的、价值高于一个银塞斯特尔提乌斯的任何财物，把它呈交给盖乌斯的儿子、执政官盖乌斯·莱利乌斯或者普布利乌斯的儿子、执政官卢基乌斯·科尔内利乌斯，或是他们两位中的任何一位所指定的某人，或者在三天之内向上述人坦白你所发现或者蓄意拿走的任何财物；或者交还给你所断定的物主，既然你希望正确处理此事。'"

（3）"为登记入伍的士兵指定了一个日期，要在这一天响应执政官的征召，前去报到。（4）而后宣誓一定报到，并且附上了下述例外条款：'除非有任何下述原因：家人的葬礼或者净化仪式[3]，其日期之择定，目的不是让他无法于此日报到；严重的疾病[4]或者须得祭祀方能避开的凶兆；每年一度、非得当事人此日在场才能恰当地举行的献祭；暴力事件或者敌人的进攻；与异邦人（hostis）[5]约定的日期。如果谁有任何这样的理由，在这件据之可

1　盖乌斯·莱利乌斯（Gaius Laelius）是罗马将领和政治家，大西庇阿的朋友，对后者在伊比利亚战争（公元前 210 年～前 206 年）的胜利颇有贡献。公元前 197 年当选平民营造官，前 196 年任西西里的大法官。前 190 年当选执政官。

2　即卢基乌斯·科尔内利乌斯·西庇阿·亚细亚提库斯（Lucius Cornelius Scipio Asiaticus），参看本书第 6 卷第 19 章注。

3　原文为 feriae denicales，在古罗马，所有与葬礼有关的人都被认为受到了污染，必须在与其他人接触之前通过仪式活动得到净化。

4　参看本书第 20 卷第 1 章第 27 节。特指癫痫，也被称为 morbus comitialis（人民集会病）。因为若有参会者现场发作此病，会议就须停止。参看本书第 17 卷第 15 章。

5　Hostis 的原始含义是陌生人或者异邦人。

获免责的事项完毕之后，当在次日前去本村社或者乡镇或者城市的征募者处报到。’”

（5）在同一卷书中还有下述话：“在预先指定的日期不到位的士兵若不能解释理由，则被标记为擅离职守者。”

（6）在第 6 卷中还如此写道：“骑兵队列被称为军队的侧翼，因为他们被布置在军团周边的左右两侧，如同鸟之两翼。一个军团中有六十个百人队，三十个中队，十个大队。”

第 5 章

Vestibulum（前院）一词含义为何；以及这个词的几种词源。

（1）有许多词汇我们普遍使用，但是没有清晰了解它们确切真实的含义，我们对真相不作深究，而是遵循来源不明而普遍使用的惯例，似乎用了我们欲用之词，实则没有。例如在谈话中常见使用的 vestibulum 一词，每个喜欢使用该词的人都没有充分了解它。（2）我确实注意到一些绝非不学无术的人士认为 vestibulum 是房屋的前部，即人们通常称之为"中庭（atrium）"者。（3）盖乌斯·埃利乌斯·伽卢斯（Gaius Aelius Gallus）[1] 在关于民法的《论词的含义（De Significatione Verborum）》一书第 2 卷中说，vestibulum 既不是房屋自身也不是房屋的一部分，而是房屋门前的空地，从大路上走进房屋经由此地。门左右两边的房子都与道路相邻，而门本身远离道路，中间被一片空地隔开。

（4）此外，这个词的起源也时常有人探究，但是我见过的所有说法几乎都是荒谬而愚蠢的。（5）然而，我记得拥有高雅学识

1 盖乌斯·埃利乌斯·伽卢斯（Gaius Aelius Gallus）是西塞罗和瓦罗时期的一位罗马法学家。

的苏尔皮基乌斯·阿波利纳瑞斯(Sulpicius Apollinaris)[1]这样说过:"前缀 ve 就像其他一些前缀一样，有时表示强调，有时表示弱化。[2]（6）例如 vetus（年老）和 vehemens（热烈的），前者通过强化年龄（aetas）这个词，组合且缩略而成，[3]而后者源自心智（mens）的力量和激烈。而 vescus（吞食的，衰弱的）由前缀 ve 和 esca（食物）结合而成，从两边获得了相反的含义。（7）一方面卢克莱修（Lucretius）用 vescum salem（侵蚀的海水）表示进食的意愿，[4]另一方面卢齐利乌斯（Lucilius）[5]用 vescus 表达厌食。（8）于是，从前建造大宅的人们，在门的前面，房门和道路的中间，留下了一片空地。（9）那些过来向房子的主人致意的人们在被允许进入之前站在此处，既不站在道路上，也不待在房子内。（10）人们站在一片大空地上，好像这是一片停留区（stabulatio[6]），由此，这片如我前述在房屋门前留出来的大空地就被称为 vestibulum，[7]来客被领入房子之前，站在此处。（11）我们必须记住，古代作者们并不总是按这个词的原本含义，而是通过一些比喻来使用它的。然而，这些比喻是以这样的方式出现的，即不会偏离我们前述的本意太远，例如在维吉尔的第 6 卷中：

就在前庭（vestibulum）前面，冥府的入口（fauces）之处
"悲哀"和复仇的"忧虑"铺下了它们的床榻。[8]

（12）实际上他不曾说阴间的房屋的前部是 vestibulum，但不

---

1 即盖乌斯·苏尔皮基乌斯·阿波利纳瑞斯（Gaius Sulpicius Apollinaris），参看本书第 2 卷第 16 章注。

2 关于前缀 ve 的双重含义，参看本书第 5 卷第 12 章第 9 ~ 10 节以及注解。

3 即 ve+aetas。

4 卢克莱修《物性论（De Rerum Natura）》第 1 卷第 326 行。关于提图斯·卢克莱修·喀鲁斯参看本书第 5 卷第 15 章注。

5 即盖乌斯·卢齐利乌斯（Gaius Lucilius），参看本书第 1 卷第 3 章注。

6 stabulatio 是指牛马棚，牛马通常都站着。

7 词源是正确的，但是此处 ve- 的含义是隔开。

8 维吉尔《埃涅阿斯纪》第 6 卷第 273 ~ 274 行。

知不觉中会让人感觉他如此说了。可是他说的是冥府门外的两个地方 vestibulum 和 fauces。在其中，他所称的 vestibulum 位于房子本身之前，也在冥王的宫殿之前，而他所称的 fauces 则是一条狭窄的通道，经由此道前去 vestibulum。[1]

埃涅阿斯逃离特洛伊　油画

〔意大利〕费德里科·菲奥里·巴洛西（1535 年～1612 年）

1　在罗马房屋中，fauces 一词用来指从前门到中庭的过道。fauces 和 vestibulum 形成了一条连续的通道，但是由门所中断，fauces 在门内而 vestibulum 在门外。第 10 节中对 vestibulum 的定义是正确的，在第 12 节中，fauces 和 vestibulum 的相对位置说反了，而且两者都被置于室外。你只能从室内经由 fauces 前往 vestibulum，而非相反。维吉尔可能用 fauces 指一般的通道。

第6章

被称为 bidentes 的祭品为何，因何缘由如此称呼；普布利乌斯·尼基第乌斯和尤利乌斯·希吉努斯关于此事的看法。

（1）从希腊回来，我们的船在布伦迪西乌姆（Brundisium）[1]靠岸。在此地，某位由布伦迪西乌姆人从罗马请来的半桶水拉丁语教师主动接受众人的测试。（2）因为海上的颠簸已经令我心力交瘁，[2]出于消遣的目的我也去了他那里。（3）他念了维吉尔的第7卷，语音粗鄙而又结结巴巴。在此卷中有如下诗行：

他合乎仪轨地祭献了一百头两岁长毛羊（lanigeras bidentis）。[3]

（4）他吩咐，任何人想要学习任何东西，都可向他请教。（5）于是我对这位不学无术者的自信感到震惊，便说："老师，可否赐教于我们，为什么称它们为 bidentes？"（6）他说："bidentes 是指绵羊，之所以说'长毛的（lanigeras）'，是为了更清楚地表明它们是绵羊。"（7）我说："接下来我们

1　参看本书第7卷第6章注。

2　因晕船所致。

3　维吉尔《埃涅阿斯纪》第7卷第93行。

要看看，到底是如你所言，bidentes 只是用来称呼绵羊呢，还是阿特拉剧[1]诗人蓬波尼乌斯（Pomponius）[2]在《山外高卢（Gallis Transalpinis）》中犯了错，他如此写道：

马尔斯啊，要是他返回家里

我发誓献给你两岁的公猪（bidenti verre）

（8）可是我现在要问，你是否知道这个词的缘由？”（9）此人毫不犹豫，大胆无畏地说：“绵羊被称为 bidentes，因为它们只有两枚牙齿。”（10）“求您告诉我，”我说，“您在哪个地方见到过天生仅有两枚牙齿的绵羊？这可是个凶兆，必须供献祭品来赎罪。”（11）于是他激动而恼火地对我说：“最好问些该向语法学家问的问题，因为绵羊的牙齿问题得问牧羊人。”（12）我对这无赖的机智付之一笑，离开了他。

普布利乌斯·尼基第乌斯（Publius Nigidius）[3]在他所著的《论内脏（De Extis）》一书中说 bidentes 不仅用来称呼绵羊，而且用来称呼所有两岁的动物祭品。然而他不曾更加明确地说明为什么它们叫 bidentes。（13）不过，按我本人的看法，我曾在某些有关大祭司法的笔记中发现这个词最初写作 bidennes，好像是在 biennes（两年的）中间插入一个 d，而后在长期的口语使用中这个词变形了，从 bidennes 变成了 bidentes，因为后者似乎说起来更加顺口轻柔。

（14）而对大祭司法并非一无所知的尤利乌斯·希吉努斯（Julius Hyginus）[4]，在《论维吉尔（De Vergilio）》第 4 卷中写道，bidentes 用来称呼这样一些祭品，它们因为年纪的缘故有两枚高于其他的牙齿。（15）他的原话如下：“被称为 bidentes 的

1　参看本书第 10 卷第 24 章注。

2　即卢基乌斯·蓬波尼乌斯（Lucius Pomponius），参看本书第 10 卷第 24 章注。

3　参看本书第 2 卷第 22 章注。

4　即盖乌斯·尤利乌斯·希吉努斯（Gaius Julius Hyginus），参看本书第 5 卷第 8 章注。

祭品应当有 8 枚牙齿，不过其中有两枚比别的长得高一些，由此显示出祭品从幼年进入稍长的年纪。”希吉努斯的这个观点是否正确，无须争论，眼见为实。[1]

希腊之花

〔德〕August Ahlborn（1796 年 ~ 1857 年）

1　希吉努斯的说法是正确的。幼年羊的牙齿叫乳齿，颜色洁白，较小；成年羊的牙齿永久齿较大。以牙齿鉴定年龄主要看羊的下颚有 4 对门齿，中间的一对叫切齿，切齿两侧的为内中齿，向外的为外中齿，最外的1对叫隅齿。在 1.5 岁时，乳切齿换成永久切齿，2 ~ 2.5 岁内中齿脱换；3 岁外中齿脱换；4 岁隅齿脱换。

第 7 章

拉贝里乌斯随意而大胆地杜撰了许多词；他甚至使用了许多这样的词汇，它们是否属于拉丁语时常会引人探究。

（1）拉贝里乌斯（Laberius）[1] 在他所写的拟剧中非常随意大胆地杜撰了一些词。（2）他说了 mendicimonium（赤贫），还用 moechimonium、adulterio、adulteritas 来代替 adulterium（通奸），用 depudicavit 代替 stupravit（强奸），用 abluvium 代替 diluvium（洪水）。在他取名为《篮子（Cophinus）》的拟剧中，（3）他用了 manuatus est 来代替 furatus est（偷窃）；同样在《织毡工（Fullo）》中，他称小偷为 manuarius[2]，他说：

窃贼啊（manuari），你丢失了你的羞耻心。

他还杜撰了许多其他这类词汇。（4）他运用了陈旧的以及卑贱民众所用的污言秽语，比如在《纺纱工（Staminariae）》中：

说真的，冥王会把你们扛在肩（catomum）上[3]，一丝不挂。

1　即德基穆斯·拉贝里乌斯（Decimus Laberius），参看本书第 1 卷第 7 章注。

2　manuarius 源自 manus（手），原意是“用手来干的”。

3　catomum=κατ᾽ὦμον，指将人裸身挂在另一人肩上，予以鞭打。

（5）他还用了elutriare lintea（洗涤亚麻布）和lavandaria（待洗之物），后者指送去洗涤的东西，以及：

我被抛入了（coicior）漂洗这个行当。

还有，

你为何匆匆忙忙？莫非你要跑到烧火娘（calidonia）前头？

（6）同样在《制绳匠（Restio）》中，他用了talabarriunculi[1]一词，而人们通常说的是talabarriones。（7）同样他在《康比塔利亚节（Compitalia）》中写道：

malas malaxavi，

我弄软了（malaxavi）[2]我的下巴。

（8）还有在《健忘者（Cacomnemon）》中，他说：

这就是

那个傻瓜（gurdus），我和你说过，

两个月前他从非洲来时，我接待了他。

（9）同样在名为《生日（**Natalicius**）》的拟剧中，他用了**cippus**（桩）、**obba**（杯子）、**camella**（碗）、**pittacium**（补丁）、**capitium**（胸带）[3]。他说：

你穿着胸带（capitium），托侃衫上的一块饰布（pittacium）。

（10）此外，在其《安娜·佩兰那（Anna Peranna）[4]》中，他用gubernius来代替gubernator（舵手），planus[5]代替sycophanta（谄媚者），nanus代替pumilio（侏儒）。不过马尔库斯·西塞罗也在他所做的演说《为克鲁恩提乌斯辩护（pro

1　这个词和下面的talabarrio含义都不明。

2　malaxavi来自希腊语μαλακίζω（使变软）。显然选用这个词是因为和前一个词malas的谐音。

3　capitium似指缝在女式托侃衫上的一块布，用如胸下宽腰带。也有人认为是指连在托侃衫上的风帽。

4　安娜·佩兰那（Anna Peranna）是罗马年轮之神。参看本书第13卷第23章注。

5　planus即希腊语πλάνος（骗子）。

Cluentio）》中写下了用 planus 代替 sycophanta 的文字。[1]（11）拉贝里乌斯也在名为《农神节（Saturnalia）》的拟剧中，将 farcimen（香肠）称为 botulus，说 homo levanna（轻浮之人）而不是说 homo levis。（12）同样在《招魂（Necyomantia[2]）》中，他用通俗的 cocio（掮客）来称呼古人们称为 arillator（小贩）的人。拉贝里乌斯的原话如下：

两个妻子？老天，这样麻烦更多，

掮客（cocio）说；他看见了六位营造官。[3]

（13）不过，在名为《亚历山大城（Alexandrea）》的拟剧中，他确实使用了同样通俗的、但却地道的拉丁语词来表达一个希腊语词，因为他将 emplastrum（油膏）[4]一词用作中性，而不是像那些一知半解的革新派那样把它视为阴性。（14）拟剧中原话抄录如下：

誓言是什么？一笔债一份药膏（emplastrum）。

1 《为克鲁恩提乌斯辩护（pro Cluentio）》第 72 节。

2 Necyomantia 意思是召来死者魂灵问将来之事。

3 营造官原来共四位，两位平民营造官，两位牙座营造官，凯撒公元前 44 年增加了两位负责谷物供应的谷物营造官（aediles cereales），此处讽刺此事。

4 相当于希腊语词 ἔμπλαστρον（药膏）。

第 8 章

辩证法家所说的 axioma 是什么意思，我们的语言称之为什么；以及其他一些辩证法教育入门知识。

（1）当我希望进入辩证法学习，获得初步教导的时候，需要先涉略与了解什么是辩证法家所说的 εἰσαγωγαί（入门）。（2）于是，因为第一步要学 ἀξίωμα，即马尔库斯·瓦罗（Marcus Varro）[1] 有时管它叫 profata，有时管它叫 proloquia（命题）的东西，我急不可耐地寻找瓦罗的老师、饱学之士卢基乌斯·埃利乌斯（Lucius Aelius）[2] 所写的《命题笔记（Commentarium de Proloquiis）》。我在和平图书馆（Pacis bibliotheca）[3] 找到此书并且开始阅读。（3）但是我未在书中看到清晰而且有助于理解的讲授，埃利乌斯写此书的目的似乎是告诫自己，而非教育他人。

1　即马尔库斯·特连提乌斯·瓦罗（Marcus Terentius Varro）参看本书第 1 卷第 16 章注。

2　即卢基乌斯·埃利乌斯·普莱科尼努斯·斯提罗（Lucius Aelius Praeconinus Stilo），参看本书第 1 卷第 18 章注。

3　在韦帕芗（Vespasianus）和平庙内，位于和平庙东柱廊的尽头处。是韦帕芗于公元 75 年建立的。本书第 5 卷第 21 章第 9 节也提到了此图书馆。

（4）于是我只好转回到希腊文著作，从其中我得知 ἀξίωμα[1] 的意思如下："λεκτὸν αὐτοτελὲς ἀπόφαντον ὅσον ἀφ' αὑτῷ（一个完全独立的、通过自身得以表述的原理）。"[2]（5）我克制住自己不把这句话译出来，因为会用到一些新奇、粗俗的词汇，这些词汇如此奇怪，会令耳朵难以忍受。（6）然而马尔库斯·瓦罗在其献给西塞罗的《论拉丁语（De Lingua Latina）》第 24 卷中轻而易举地阐明："Proloquium（命题）是一个不缺任何东西的陈述。"

（7）如果我举个例子说明，命题是什么就更加清楚了。ἀξίωμα 或者 proloquium，如果你喜欢后者的话，是这样的："汉尼拔是个布匿人"；"西庇阿摧毁了努曼提亚"；"米罗（Milo）[3] 被判谋杀罪"；"欢乐既非美德也非恶行"。（8）总之，无论哪种以充分而完整的话语表达的陈述，必然会是真的或者是假的，辩证法家们称之为 ἀξίωμα，马尔库斯·瓦罗如我前述称之为 proloquium，而马尔库斯·西塞罗称之为 pronuntiatum（判断），而这个词，据他本人宣称，只用到"当我找到一个更好的"为止。

（9）但是希腊人所说的 συνημμένον ἀξίωμα（假言推理）[4]，我们的一些国人[5] 称之为 adjunctum（必然的推论），另一些称之为 conexum（假言命题）[6]。假言命题是这样的："如果柏拉图在散步，柏拉图就在移动"；"如果现在是白天，太阳就在大地上方"。（10）同样，他们所说的 συμπεπλεγμένον（复合命题），

1 即拉丁语词 axioma。

2 即一个不容置疑的、不证自明的命题。

3 即提图斯·安尼乌斯·米罗（Titus Annius Milo），参看本书第 1 卷第 16 章注。

4 字面的意思是"相连的命题"。

5 如埃利乌斯·斯提罗。

6 两个相连的句子，其中第二个句子作为第一个句子的结果。

我们或称之为 conjunctum（复合命题），或称之为 copulatum。它是这样的："保路斯之子普布利乌斯·西庇阿[1]两次任执政官，举行过凯旋式，曾担任监察官职务，与卢基乌斯·穆姆米乌斯(Lucius Mummius)[2]为监察官同僚。"（11）然而在整个复合命题中，如果一个部分为假，即使其他部分均为真，整个命题仍然被称作假命题。如果在我所说的关于这位西庇阿的所有真事上加上"他还在非洲战胜了汉尼拔"这一句假话，这样，构成复合命题的所有话，因为加了一句假话同时说出来，就不再是真实的了。

（12）同样，另外一种，希腊人称之为 διεζευγμένον ἀξίωμα，我们称之为 disjunctum（选言命题）。它是这样的："欢乐或是恶行或是美德或既非美德又非恶行。"（13）选言命题的所有成分，互相之间必须是对立的，它们的相对面，希腊人称之为 ἀντικείμενα 的，本身也是互相对立的。选言命题的所有成分当中，有一个必须是真的，其余的是假的。（14）但是如果所有的成分中都没有真的；或者所有的，或者多于一个的成分是真的；或者选言命题中的不同成分互相不对立；或者它们的相对面，本身不是互相对立的，那么这个选言命题就是假的，被称为 παραδιεζευγμένον（不完善的选言命题）。例如这句话，在其中，相对面不是对立的，"你或跑，或走，或站"。因为这些成分本身确实是互相对立的，但是他们的相对面却没有互相对立；"不走""不站"和"不跑"之间不是互相对立的，因为互相对立者是不可能同时为真的；实际上你有可能在同一时间里没有走，没有站，也没有跑。

（15）不过现在这已足以提供辩证法的一个简单尝试，（16）我只需补充和告诫，学习这门学科，了解这些原理，虽然经常显得令人厌恶、受人蔑视、为人不喜、毫无用处。但是一旦你取得较

1　即小西庇阿，参看本书第2卷第13章注。

2　即卢基乌斯·穆姆米乌斯·亚该库斯（Lucius Mummius Achaicus），参看本书第10卷第16章注。

大的进步，那么它的益处就会在你的头脑中变得清晰，一种难以满足的学习乐趣就会随之而来。（17）确实，除非你为此设定一个限度，风险也不可小觑，你也会像许多其他人一样，在辩证法的循环和曲折萦回中，如同在塞壬（Siren）[1]的礁石间一般，蹉跎一生。

柏拉图及其手稿

柏拉图（约公元前 427 年～前 347 年），原名亚里士多克勒，古希腊哲学家，对西方哲学思想有重要影响。

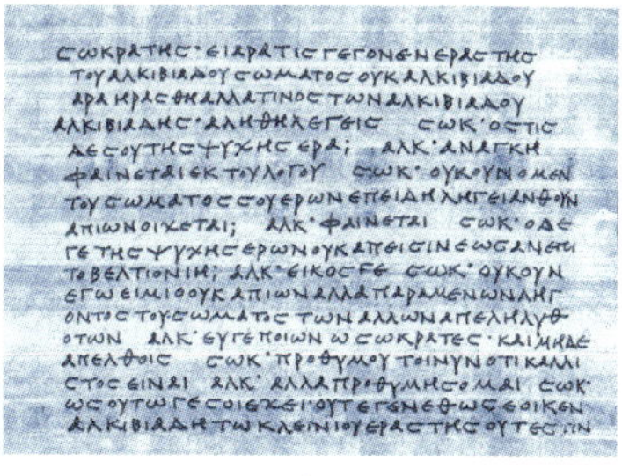

1 即塞壬（Σειρήν），参看本书第 15 卷第 20 章注。

第 9 章

古代书籍中频繁出现的措辞 susque deque 意为何指。

（1）Susque deque fero，或者 susque deque sum，或者 susque deque habeo，[1] 以所有这些方式表达的这个措辞来自于博学之士的言谈。它在先人的诗歌中、书信中也多处出现。（2）但是你更容易见到卖弄这个词的人，而不是理解这个词的人。确实，我们当中许多人迫不及待地去使用我们所发现的古老词汇，而不是去学习它们。（3）susque deque ferre 的意思是持有平和的心态，对于所发生的事情不大惊小怪，有时可理解为视若无睹、不屑一顾，含义近于希腊语 ἀδιαφορεῖν（无动于衷）。（4）拉贝里乌斯在《康比塔利亚节》中写道：

你时而萎靡不振，时而无动于衷（susque deque fers），
你家的主妇坐在婚床 [2] 之上，
分文不值的奴隶满嘴渎神詈语。

1　susque deque 意思是向上也好，向下也好，表示无所谓的意思。

2　在早期罗马房子里婚床摆放在中庭，面对着门，因此被称为 lectus adversus（对面床）。后来一张象征性的床摆在同一位置。

（5）马尔库斯·瓦罗在《西塞那[1]或者论历史（Sisenna vel de Historia）》中说："但是即使所有这些开始和后续均不相同，那也无关紧要（susque deque）。"（6）卢齐利乌斯在其作品第3卷中写道：

这只不过是游戏，一切都无关紧要（susque omnia deque），
全都无关紧要，我说，游戏还是玩笑，
这可是辛劳的旅程，我们来到塞提亚[2]，
好比险峻的埃特那[3]和阿托斯[4]，山岭如此陡峭。

1　即卢基乌斯·科尔内利乌斯·西塞那（Lucius Cornelius Sisenna），参看本书第9卷第14章注。

2　塞提亚（Setia）是拉丁姆的一个城市。

3　埃特那（Aetna 或 Etna）是西西里岛东海岸的一座活火山以及城市名。

4　阿托斯山（Mount Athos）是希腊东北部的一座山。塞提亚地区只有一些小山丘，根本不能和埃特那山及阿托斯山相比，此处有戏谑的意味。

第 10 章

Proletarii 是什么意思，capite censi 是什么意思，《十二铜表法》中 adsiduus 又是什么意思？以及这些词的词源。

（1）有一天，罗马广场事务停歇，人们在欢庆节日，恰巧在一个人数众多的集会上有人在朗读恩尼乌斯（Ennius）[1]《编年纪（Annales）》中的一卷。书中诗句如下：

无产者（proletarius）由国家配备盾牌和凶猛的刀剑，
保卫着城墙、城市和广场。[2]

（2）这时有人开始就此发问，proletarius 是什么意思。（3）我望着人群中一位熟知民法的朋友，请他为我们解释这个词。（4）当他回答说他是法律专家，而非语法问题的专家时，我说："那就最适合由你来解释了，因为，如你所说，你是法律专家，（5）而昆图斯・恩尼乌斯的这个词取之于你的《十二铜表法》，若我没有记错的话，在其中如此写道，'有产者（adsiduus）当由有产者

1 参看本书第 1 卷第 22 章注。

2 《编年纪》第 183 ~ 185 行。

作保证人（vindex）[1]，身为公民的无产者（proletarius civis）[2]可由任何人作保证人。'[3]（6）因此我们请求您假设刚才所朗读的并非昆图斯·恩尼乌斯的《编年纪》，而是《十二铜表法》，并且解释一下在这项法律中 proletarius civis 是什么意思。”（7）“我确实，”他说，“应该谈谈并且解释一下这个词，要是我学过福纳斯（Faunus）[4]和阿波利戈人（Aborigines）[5]的法律的话。（8）但是由于 proletarii、adsidui、Sanates（萨那特斯人）、vades（保证人）、subvades（第二保证人）、viginti quinque asses（25 阿司）、taliones（同态报复）以及用 lanx et licium（盘与带）[6]来搜查赃物的方式这种种都已经消失，而且《十二铜表法》里的所有这些古法，除了用于百人团（centumviralis）[7]案件的法律诉讼（legis actions）之外，都已经被埃布提乌斯法（Lex Aebutia）[8]所停用，我应当展示现在应用的法律法令及其措辞的学问和知识。”

（9）恰在此时，我们看见尤利乌斯·保路斯（Julius Paulus）[9]，我记忆当中最有学问的诗人，从旁边路过。（10）我们向他致敬，

1　此处的保证人是一个自愿同意作为被告的代表参与诉讼的人。

2　Proletarius 本意是“孩子生育者”，指他们除了生育孩子，对国家没有其他贡献。

3　《十二铜表法》第 1 表第 4 条。中译文参考徐国栋译文。

4　神话中的拉丁国王，又被视为田野和森林之神。

5　阿波利戈人（Aborigines）是居住在意大利中部的古代部族，拉丁人的祖先。

6　参看《十二铜表法》第 1 表第 4、5、10 条；第 8 表第 2、4、15 条。Adsidui 是永久定居者或者纳税人，属于塞尔维乌斯所设的五个等级之一。Sanates 似乎是富有的罗马公民人的门客。Vades 是支付保释金的保证人。Subvades 是为保释金提供担保的第二保证人。viginti quinque asses 是伤害的罚金，参看本书第 20 卷第 1 章第 12 节；taliones 参看本书第 20 卷第 1 章第 14 节；lanx et licium 参看本书第 11 卷第 18 章第 9 节注。

7　百人团（centumviri）是特殊的民事审判庭，负责涉及继承和财产诉讼的案件。开始时 105 人，凯撒时期增至 180 人，通常分为 4 个庭。

8　埃布提乌斯法（Lex Aebutia）大约制定于公元前 150 年，不过这个时间并不确定。参看《盖尤斯法学阶梯》第四编第 30、31 条。此法和后来的尤利乌斯法（Lex Julia，公元前 17 年）废除了法律诉讼中古老的诉讼程序，确立了程式诉讼方式。

9　尤利乌斯·保路斯（Julius Paulus）还出现于本书第 1 卷第 22 章第 9 节，第 5 卷第 4 章第 1 节，第 19 卷第 7 章第 1 节。

并且请求他为我们讲解这个词的含义和词源，他说："罗马平民当中最为微贱、最为贫穷的，财产登记时从未超过一千五百阿司的人们，被称为 proletarii。然而那些财产登记为无或者财产极少的人们则被称为 capite censi（以人头登记者）。而以人头登记者的最高登记财产为三百七十五阿司。[1]（11）但是因为家庭的财产和金钱似乎起着对于国家的抵押与担保作用，包含着关乎爱国精神的保证和支持，所以除非在特大混乱时期，不会招募无产者和以人头登记者入伍，因为这些人要么只有微薄的家产和金钱，要么一无所有。（12）然而无产者阶层，无论其实质还是名声，都比以人头登记者稍微体面些。（13）的确，在共和国的危急时刻，如果适龄青年（juventus）人数短缺，就会仓促招募他们参与战事[2]，武器由公费所提供，他们未被称作人头登记者，而是根据他们繁育后代（proles）的任务和职责，用了比较吉利的名称。因为由于家产微薄，他们不大可能帮助共和国，可是他们用自己生育的子女增加了国家的人口。（14）据传说，盖乌斯·马略（C. Marius）在共和国最为困难时刻的肯布利战争（bellum Cimbricus）中，或者更有可能，如撒路斯特（Sallustius）[3]所说，在朱古达战争（bellum Iugurthinum）中，首次招募人头登记者入伍，这种做法在以前的记载里并不存在。（15）在《十二铜表法》里[4]，有产者（Adsiduus）指的是富有的（locuples）[5]、日子好过的，这个词或许来自于 assiduis，意思是在共和国要求的时候，献出钱来；或许来自于按照自己的家产履行职责时的坚持不懈（adsiduitas）[6]。"

1 一般认为，proletarii 和 capite censi 是同一阶层的不同名称。

2 此处是指发生一次叛乱之类的情况。

3 参看本书第 1 卷第 15 章注。

4 《十二铜表法》第 1 表第 4、10 条。

5 locuples 似乎源自 locus（地方），ple 则是 pleo（加满）和 plenus（充实）的词根。

6 这两种词源都是想象的，adsiduus 与 adsideo（住在附近）有关。

（16）而撒路斯特在《朱古达战争（Historia Iugurthina）》中关于执政官盖乌斯·马略和人头登记者如此写道：“在此期间，他本人招募士兵既未遵循先人的惯例，也未按照等级，而是听凭人们的意愿，其中大多数是人头登记者。之所以这样做，有人说是因为上等阶层人数不足，有人说是出于执政官的虚荣心，因为他受到了这个等级的人们的赞颂和尊崇，对于谋求权利的人来说，最贫穷的人是最有用处的。”[1]

凯撒之死

〔法〕让－莱昂·杰罗姆（1852 年～ 1929 年）

1 《朱古达战争》第 86 章第 2 节。

第 11 章

从希罗多德书中引用的关于普绪里人之死的故事，他们居住在非洲的锡尔特（Syrtis）[1]。

（1）据说意大利的马尔西人（Marsi）[2]部族源出喀耳刻（Circe）[3]的儿子。（2）因此，只要他们的家族不与外族通婚从而玷污血统，马尔西人就会拥有一种与生俱来的能力。他们是毒蛇驯服者，会运用咒语和草药汁创造医疗奇迹。

（3）我们看见某些所谓的普绪里人（Psylli）[4]也拥有同样的天赋。我在古代书籍中查询这些人的名称和种族，最后在希罗多德的第 4 卷中发现了有关普绪里人的故事：（4）普绪里人一度在非洲大陆与纳萨摩奈斯人（Nasamones）[5]为邻。在这个地区，南风

1 锡尔特（Syrtis）指利比亚海岸的两个大海滩：大锡尔特滩和小锡尔特滩。

2 马尔西人（Marsi）是意大利中部高原的一个部族，以巫术和舞蛇术著称。

3 希腊传说中的一个女巫，太阳神赫利俄斯（Helios）的女儿。她能用药物和咒语把人变成狼、狮子或猪。希腊英雄奥德修斯等人在特洛伊战争后返乡，途经她的埃埃亚岛（Aeaea）时，她把奥德修斯的同伴变成猪。后来她和奥德修斯成为恋人，但一年后奥德修斯再度启程继续其返乡之旅。

4 参看本书第 9 卷第 12 章注。

5 纳萨摩奈斯人（Nasamones）是居住在利比亚东南部的一个柏柏尔游牧部落。

在某个季节刮得非常猛烈而且持久。（5）由于这些大风，他们居住之处的水全部干涸了。（6）水源缺乏的普绪里人对南风造成的这一伤害非常非常恼怒，做出决议，要拿起武器，向南风进军，就像向敌人进军一样，并且按照战争法索要赔偿。（7）当他们这样出发的时候，南风呼啸，迎面滚滚而来，携着堆积如山的沙子，将所有这些人连同所有的军队和武器吞噬掩埋。（8）此事发生后，普绪里人死得一干二净，这样他们的领土就被纳萨摩奈斯人所占。[1]

1 《历史》第4卷第173章。此外，作者写作此文还受到了普林尼《自然史》中一些相关章节的影响。

第12章

关于一些词汇，克罗阿提乌斯·维鲁斯要么恰如其分地，要么极其荒谬而粗暴地将它们的来源归于希腊语。

（1）克罗阿提乌斯·维鲁斯（Cloatius Verus）[1]在名为《源自希腊语的词汇（verborum a Graecis tractorum）》一书中谈了许多他精心细致地探究而得的事，不过其中也不乏一些空洞无用的说法。（2）他说："Errare 来自于 ἔρρειν（去）"，他还引用了荷马的一句含有这个词的诗：

ἔρρ᾽ ἐκ νήσου θᾶσσον，ἐλέγχιστε ζωόντων.

人间最大的渎神者，赶快离开（ἔρρ᾽）这岛屿。[2]

（3）他还写道，alucinari 来源于希腊人所说的 ἀλύειν（激动），[3]他认为 elucus（嗜睡者）也是来源于此，字母 a 变成了 e，表示某种精神的迟钝和麻木，它们大多出现在梦想者身上。（4）同

1 克罗阿提乌斯·维鲁斯（Cloatius Verus）是奥古斯都时代的词典编纂者。

2 《奥德赛》第10卷第72行。中译文据王焕生译本。

3 这种说法未被普遍接受。

样 fascinum（蛊惑）意思就如同 bascanum[1]，fascinare（蛊惑）就如同 bascinare[2]。

（5）所有这一切都说得完全恰如其分、合情合理。但是在第4卷中他说："faenerator（放债者）意思是 φαινεράτωρ，呈现出善良的一面，因为这种等级的人会表现出仁慈的形象，在需要金钱的穷人们眼中，他们是平易近人的。"（6）他说是某位名叫叙普西克拉泰斯（Hypsicrates）的语法学家这样说的，此人写的有关希腊语源词汇的著作赫赫有名。然而，我不知道这些话究竟是克罗阿提乌斯本人还是另外一个无赖瞎扯的，没有别的话比这更荒谬了。（7）实际上，如同马尔库斯·瓦罗在《论拉丁语表达（De Sermone Latino）》中所说，faenerator"得名于 faenus（利息）"，而"faenus"，他说源自"fetus（繁殖），如同金钱通过滋生和成长得到繁殖（fetura）[3]"。（8）所以瓦罗说马尔库斯·加图和他的其他同时代人将这个词读作 feneratorem，其中没有字母 a，如同 fetus 本身以及 fecunditas（繁殖力）的发音一样。

1　即希腊语词 βασκάνιον 的拉丁写法。

2　即希腊语词 βασκαίνω 的拉丁写法的不定式形式。

3　有人认为这种说法有可能是正确的。比如希腊词 τόκος，就同时有子孙和利息的含义。

第 13 章

Municipium（自治市）是什么意思，它与 colonia（殖民地）有何差别；以及 municipes（自治市市民）是什么意思，这些词的词源和特别含义；以及神圣的哈德良在元老院就自治市市民的权利和名称所做的发言。

34 （1）Municipes 和 municipia 是易于发音，便于使用的词。而且你绝不会发现哪位用这些词的人会认为自己不清楚自己在说什么。但是事实上词是一个意思，说出来则是另一个意思。（2）我们当中的有几个人，如果来自罗马人民的殖民地的话，不会说他自己是自治市民而他的同乡是自治市民们？与理性和真实都相距甚远。（3）我们无知到这种地步，不知道什么是自治市，它们的权利为何，与殖民地有多大差别，还认为殖民地的地位高于自治市。

（4）就这些混乱不堪的观念，其本人也来自意大利城（Italica）[1]的神圣的哈德良（Hadrianus）[2]，在他向元老院发表的《关于意大利城市民（De Italicensibus）》的演说中，做了老练精到的论述，

1 意大利城（Italica）是西班牙南部赛维利亚附近的一座小城，由大西庇阿所建，用来安顿他的老兵，是罗马皇帝图拉真和哈德良的出生地。

2 哈德良参看本书第 13 卷第 22 章第 1 节注。

并且表达了他的惊讶：意大利城居民自己以及其他一些古老的自治市，其中他提到了乌蒂卡人（Uticenses）[1]，在他们可以应用他们自己的惯例和法律的时候，居然渴望改而享有殖民地的权利！（5）他还提到普列奈斯特（Praeneste）[2]的市民曾经竭力求告提比略（Tiberius）[3]皇帝，将他们的地位从殖民地退到自治市。提比略为了报恩许可了他们的要求，因为就在他们的领土之内靠近这座城的地方，他曾经从一场危重疾病中得以复原。

（6）因此，自治市市民是来自自治市的罗马公民，他们使用自己的法律，拥有自己的权利，仅仅参与罗马人民的荣誉服役（munus honorarium）[4]，似乎因此而被称为 munus capessendus（承担服役者），此外不受其他任何职责和任何罗马人民的法律所束缚，除非是他们自己的人民所批准的（fundus factus est）。[5]（7）我们得知凯莱城人（Caerites）[6]最早成为无投票权的自治市市民，并被许可获得罗马公民的荣誉，但是免于服役与税赋，作为他们曾经在高卢战争[7]期间接收并且保护了圣物的回报。与之相对，就有份名单被称为"凯莱城人名单（tabulae Caerites）"，监察官命令在这份名单上登记那些他们加以不道德标记，剥夺其投票权的人。

（8）但是与殖民者的关系则不一样，因为他们既不是从外部进入国家，又不能依靠自己的根基，而是离开国家在外蕃衍，实行的是罗马人民的而不是他们自己选择的法律和制度。（9）不过，

1 乌蒂卡是迦太基西北的一个城市。

2 普列奈斯特参看本书第 11 卷第 3 章第 1 节注。

3 提比略参看本书第 5 卷第 6 章第 13 节注。

4 指在军团而非在辅助军团里服役。辅助军团（Auxilia）是由战事发生地的同盟部落武装构成的。

5 关于 fundus，参看本书第 19 卷第 8 章第 12 节。

6 凯莱（Caere）是意大利伊特鲁里亚（Etruria）的一个城市。

7 指公元前 390 年高卢人占领罗马时。

这种身份虽则义务较多，自由较少，由于罗马人民的地位和威望，被视为更具优势、更加可取。在人们看来，这些殖民者就像是罗马人民的缩影和某种复制品。[1] 与此同时，因为自治市的权利已经被人遗忘、忽略，人们已经无法在茫然无知的状态下予以运用。

垂死的高卢人

〔意〕米开朗基罗（1475 年 ~ 1564 年）

自帕加马古希腊原作的罗马时期大理石复制品，公元前 220 年，大理石材质，高 93 厘米，现藏于罗马卡皮托利尼博物馆。

1 他们的政府模仿罗马的形式，一个元老院（decuriones），两个主要行政官（IIviri iure dicundo），每年选举一次。

第 14 章

马尔库斯·加图说 properare 与 festinare 有差别；维里乌斯·弗拉库斯如何不恰当地解释了 festinat 这个词的词源。

（1）properare 与 festinare 看上去是同样的意思，在同样的情况下使用。（2）但是马尔库斯·加图认为有一处差别。区别是这样的——原话录自他的演说《论他自己的品格（De Suis Virtutibus）》：“properare 是一回事，festinare 是另一回事。一个人及时（mature）[1] 完成一件事，叫作他 properat；一个人同时开始干许多事，但是没有做完，叫作他 festinat。”

（3）维里乌斯·弗拉库斯（Verrius Flaccus）[2] 试图解释它们之间的区别，他说：“festinat 来源自 for（说话），因为那些不能完成任何事的懒人们空谈多过行动。”（4）但是这看起来极其牵强和荒谬，两者的首字母不可能如此重要，以至于仅仅因为它们，两个如此不同的词 festinare 和 fari[3] 就应当被视为相同的。（5）看

1 关于 mature，参看本书第 10 卷第 11 章第 2 节。

2 维里乌斯·弗拉库斯（Verrius Flaccus）参看本书第 4 卷第 5 章第 6 节注。

3 festinare 和 far 分别是 festinat 和 for 的不定式。

起来更加妥帖得当的解释是，festinare 就好像 fessum esse（累了）。因为同时忙碌于许多事的人就会疲劳不堪，他已经不是忙碌行事（properat），而是疲于奔命（festinat）了。[1]

1　这两种词源都是凭空想象的。Festino 与 confestim 有关，但是它的词源无法确定。

第 15 章

塞奥弗拉斯特所记的关于山鹑的奇事以及泰奥彭波斯所记的关于兔子的奇事。

（1）学问精深的哲学家塞奥弗拉斯特（Theophrastus）[1]说，在帕弗拉戈尼亚（Paphlagonia）[2]所有的山鹑都有两颗心，而泰奥彭波斯（Theopompus）[3]说在比萨尔提亚（Bisaltia）[4]兔子有两个肝。

1　塞奥弗拉斯特（Theophrastus）参看本书第 1 卷第 3 章注。

2　帕弗拉戈尼亚（Paphlagonia）是古代安纳托利亚中北部、黑海沿岸的一个地区。

3　泰奥彭波斯（Theopompus）参看本书第 10 卷第 18 章第 6 节注。

4　比萨尔提亚（Bisaltia）是古希腊色雷斯的一个地区，后来成为马其顿的一部分。

第16章

Agrippa之名得自于出生困难而不顺；以及关于被称作普罗尔萨和波斯特维尔塔的女神。

（1）那些出生时百般周折、险象环生的人，离开娘胎时不是头部而是脚先露出来。这些人被称作Agrippa。这个词由aegritudo（疾病）和pedes（脚）结合而成。（2）而瓦罗说，胎儿在子宫里头朝下而倚，脚朝上而伸，不类于人的天性，反而与树相仿，（3）因为他称脚和小腿为树枝，称头为树干树身。（4）他说："因此，当胎儿意外地违背自然，脚转而朝下时，通常会手臂张开，阻滞难行，于是产妇的分娩愈加痛苦。为了求得免于这种危险，人们在罗马为两位卡尔门塔（Carmenta）[1]建造了祭坛，其中一位被称为波斯特维尔塔（Postverta），另一位被称为普罗尔萨（Prorsa），据她们的职责和名称，当得名于正确或者错误的分娩胎位。"[2]

1　卡尔门塔（Carmenta）或称卡尔门提斯（Carmentis）是保护孩子分娩的预言女神，她的节日是在1月11日和15日。又说卡尔门塔有两位，一位名为波斯特维尔塔Postverta或波斯特沃尔塔Postvorta，她又是过去女神，一位名为安泰沃尔塔（Antevorta）或普罗尔萨（Prorsa），她又是未来女神。分娩时，人们会祈求卡尔门塔前来主持。据说，当婴儿头先出时，到来的是前者；脚先出时，到来的是后者。

2　《人事记（Antiquitates Rerum Divinarum）》第14卷。

第 17 章

梵蒂冈地区这个词的来源。

（1）我们听说梵蒂冈地区（Ager Vaticanus）以及此地的保护神得名于 vaticinium（神谕），这些神谕通常凭借该神的力量与启示在此地发出。（2）除了这个上述理由，马尔库斯·瓦罗在《神事记（Divinarum）》一书中写到了这个名字的起源，他说："人们称阿尤斯（Aius）[1]为神，为他在诺瓦大道（Nova Via）的尽头建立了祭坛，因为神的声音在此处发出。与此相同，掌管人类语言开端的神也是这样被称作梵蒂冈的，因为婴儿们刚一出生，发出的第一声就是 Vaticanus 的首音节，所以人们用 vagire（啼哭）这个词来表现新生儿哭喊的声音。"

1　即阿尤斯·罗库提乌斯（Aius Locutius），名字的含义是"宣布者"。据传说，公元前 390 年高卢人入侵罗马期间，一个罗马平民马尔库斯·凯狄基乌斯（M. Caedicius）听到了一个超自然的声音，警告他高卢人即将发动进攻，建议加固罗马城墙，并吩咐他将此消息传达给保民官。但是因为传信人地位卑下，这条消息无人在意，结果高卢人于次年攻进罗马。击退高卢人之后，元老院为这位发出警告的不知名的神修建了庙宇和祭坛。

第 18 章

关于名为光学的几何学分支的一些有趣的陈述和知识，以及另外一个名为调和的分支，还有第三个名为韵律的分支。

（1）几何学一个与眼睛有关的分支被称为光学（ὀπτική），另一个与耳朵有关的分支被称为调和（κανονική），音乐家们用它来作为自己这门艺术的基础。（2）两者分别基于线的距离与间隔或者和声的原理。

（3）光学产生了许多这类令人惊奇的现象：例如在一面镜子中会出现同一物的多幅映像；同样，摆在某个位置的镜子产生不了任何映像，换一下位置就会产生。还有，如果你笔直看镜子，你的映像看上去就会这样，头在下而脚在下。[1] 这门学问还解释了为何在这种情况下视觉也会欺骗人：东西放在水中看上去大一些，离眼睛远时看上去小些。

（4）而调和则量度声音的长度和高度。声音长度的量度被称作节奏（ῥυθμός）；音高的量度被称作旋律（μέλος）；（5）还有

1　第一种现象是在镜子的表面被分割成许多小镜子的时候产生的。第三种现象产生于人从一定距离外看一面凹面镜。古代的人们就已经知道镜子的种类和特性，并且会用镜子来占卜。

一种调和则被称作韵律（μετρική），凭借韵律，或长或短或适中的音节的组合以及合乎几何原理的旋律，都通过听觉的评判得到了检验。（6）瓦罗说："但是这些东西，我们要么全然不学，要么在懂得为何应该学习这些之前就予以放弃。"他说，"不过，这些学问一旦得以完美而全面的掌握，其中的快乐或者好处，就会在其过程中呈现，然而，开始时它们显得荒谬而无趣。"[1]

1 参看本书第 16 卷第 8 章第 15、16 节。

第 19 章

选自希罗多德著作的关于弦琴手阿利翁的故事。

（1）希罗多德以简练紧凑的言辞和顺畅清晰的风格讲述了著名的弦琴手阿利翁（Arion）的故事。（2）他说：“阿利翁是古代一位著名的弦琴（fides）[1]歌手。（3）按地区和城市来说，他是麦提姆奈乌斯人（Methymnaeus）[2]，以国家和整个岛屿来说是累斯博斯人（Lesbius）[3]。（4）科林斯王佩里安德（Periander）[4]因他的技艺引以为友，关爱有加。（5）后来他告辞国王，启程前去游览有名的国家西西里和意大利。（6）到达那里之后，他迷住了两国城市中所有人的耳朵和心灵。他在那里享有金钱、快乐与爱戴。（7）接着，在拥有了许多金钱和大量财宝之后，他准备返回科林斯。（8）于是挑选了他所熟悉并且关系友好的科林斯船只和

1　根据希罗多德《历史》的原文，他弹奏的是 κιθάρα（西塔拉琴）。

2　累斯博斯岛上的一个城市，以酒闻名。

3　累斯博斯岛参看本书第 13 卷第 5 章第 3 节注。

4　佩里安德（Periander，希腊文名 Περίανδρος，？～前 585 年），科林斯的僭主。曾被列为希腊七贤之一。一般的记载把他描写为惨无人道的暴君，在他的统治时期科林斯的商业十分繁荣。

水手。”[1]（9）但是这些科林斯人载着他往大海驶去时，对他的金钱财物起了贪心，拿定主意要杀掉他。（10）当他得知灾难降临后，便尽其所有地交出他的金钱和其他财物，只求饶他一命。（11）水手们被他的乞求所打动，放弃了亲手使用暴力杀死他的做法，而是命令他当场马上头朝下跳入大海。（12）希罗多德说：“此时这人惊恐万分，所有生存的希望皆已失去，于是乞求这样一件事：在他赴死之前，准许他穿上自己的所有戏装，拿起弦琴，为自己的厄运唱一首慰藉之曲。（13）这些残暴凶恶的水手无法克制听歌的欲望，他所求之事得到了许可。（14）随即他按照惯例戴冠、着装与打扮，站在船尾顶端的甲板上，以最高亢的嗓音，唱起名为‘高调（orthius）’[2]的歌曲。（15）曲终之后，他携着弦琴，身着全部服饰，一如站立唱歌之状，然后纵身一跃，遥落深海。水手们毫不怀疑他已殒命，继续沿着他们原先的方向航行。（16）但是一件不同寻常的、令人惊异而且神奇的事情发生了。”一只海豚突然从浪间游了过来，潜到这位漂流者的身下，然后将脊背浮出海浪，载着他，连人带物完好无损地运到拉克尼亚（Laconia）地方的泰那鲁斯（Taenarus）[3]。（17）随后阿利翁从此处直接前往科林斯，就好像他当时突然被海豚背起一样，突然出现佩里安德王面前，将发生的事情如实地告诉后者。（18）国王不大相信他所言之事，（19）便以阿利翁撒谎为由下令将其关押。他找到那些水手，在不让阿利翁出面的情况下拐弯抹角地询问他们，在他们所来之处，是否听人说起过阿利翁。（20）他们说，当他们到达那里时，这个人在意大利，他在那里过得很好，享受那些城市的快乐以及人们对他喜爱，名与利皆获丰收。（21）在他们这般说道的时候，

1　《历史》第 1 卷第 23、24 章。

2　希腊文为 ὄρθιος νόμος，据说是一首献给阿波罗的歌，音调非常高，只有很少的人能唱。

3　泰那鲁斯（Taenarus）是拉克尼亚一个海岬与城市。海岬上有尼普顿的神庙，附近有个洞穴被视为冥府的入口。

阿利翁手持弦琴，身着戏装出现了，他就是以此装束投身大海的。（22）水手们大惊失色，罪行被揭露了，他们无法否认。（23）累斯博斯和科林斯的人们传述着这个故事，故事的证据是泰那鲁斯附近可以看到的两座铜像，一只海豚背负着一人，而人坐其背上。

第17卷

不可更改的计划不是好计划。

施予得当，受益无穷。

难逃之劫，受之好过恨之。

惠人过度则助长贪欲。

旅伴口若悬河，安步足可当车。

第 1 章

伽卢斯·阿西尼乌斯和拉尔基乌斯·李基努斯指责马尔库斯·西塞罗在其演说《为马尔库斯·凯利乌斯辩护》中的一句话；以及面对这些最为愚蠢的人，可以公正得当地说些什么来为此话辩护。

（1）正如人们中间有一些是怪物，他们对不死的神明发表了一些渎神且虚假的看法，同样也出现了一些这样古怪而疯狂的人，其中就有伽卢斯·阿西尼乌斯（Gallus Asinius）[1]和拉尔基乌斯（Larcius Licinus）[2]，后者的书还有一个荒谬的名称《西塞罗之鞭（Ciceromastix）》[3]。他们居然胆敢写道，马尔库斯·西塞罗的话有欠正确、有失恰当、考虑不周。（2）他们所指责的其他方面确实不值一提，不值一听，（3）但是我们来考虑一下这一部分，在他们自己看来此处的斟词酌句尤为精妙，让我们看看它到底如何。

1　即盖乌斯·阿西尼乌斯·伽卢斯·萨罗尼努斯（Gaius Asinius Gallus Saloninus），公元前 8 年的执政官，前 6 年～前 5 年的亚洲总督。他娶了提比略皇帝的前妻维普萨尼亚·阿格里帕（Vipsania Agrippina）。他是奥古斯都的朋友，但是因各种原因得罪了提比略。公元 30 年被捕，三年之后在狱中饿死。

2　此人应当是伽卢斯·阿西尼乌斯的同时代人，生平不详。

3　古希腊的犬儒派哲学家佐伊罗斯（Zoilos）是荷马的尖刻批评者，自称“荷马之鞭（Ὁμηρομάστιξ）”。

（4）马尔库斯·西塞罗在《为马尔库斯·凯利乌斯辩护（Pro M.Caelio）》[1]中如此写道："对他的纯朴所提出的指责以及所有原告的指控，都不是以控告的方式，而是以叫喊与谩骂的形式蜂拥而至，马尔库斯·凯利乌斯对此绝不会痛不欲生，以至于懊悔（paeniteat）他不曾生而丑陋。"（5）他们认为西塞罗说paeniteat是用词不当，说这个词同样近乎荒谬。（6）"因为，"他们说，"我们自己做了什么事，或者什么事是出于我们的意愿与计划而做的，后来这些事开始令我们生厌，我们改变了对这些事情的看法，这时，我们往往说paenitere。"（7）然而，没有人可以理所当然地这样说："懊悔（paenitere）自己被生下来"，或者"懊悔（paenitere）是个凡人"，或者"他因身体意外受撞受伤而感到懊丧（dolorem sentiat）"，因为这类事情并非出于我们的计划或者选择，而是违背我们的意愿，通过自然的力量和定数发生到我们身上的。（8）"同样，"他们说，"以何种外表出生，不是出于马尔库斯·凯利乌斯的意愿，对于他的外表，西塞罗说他'不会懊悔'，彷佛在这件事上，他可以得到懊悔的理由。"

（9）他们谈论的这点确实是这个词的含义，paenitere只有在自愿的情况下使用才是合适的。然而早先的人们，也以其他方式使用这同一个词，他们曾以paene（近乎）和paenuria（需要）的含义来使用paenitet一词。不过这涉及另外的问题，将在另外的章节予以讨论。[2]（10）但是此刻，按照这个词众所周知的含义，马尔库斯·西塞罗所说的话不仅不愚蠢，反而极其优雅而机智。（11）因为马尔库斯·凯利乌斯的敌人和诽谤者们鉴于他外表优美，而以他的身材和容貌为据控告他有品行不端之嫌，于是西塞罗嘲笑他们如此荒唐的指控，竟然加罪于自然所赋予的外貌，有意利用了他所嘲笑的这个谬误，说"马尔库斯·凯利乌斯不会懊

1 《为马尔库斯·凯利乌斯辩护》第6节。

2 作者的这个承诺没有兑现。

悔（paeniteat）他不曾生而丑陋”，通过他说的这一件事，谴责了敌人，并且通过讽刺揭露出他们干了件荒唐之事，他们将外貌当作凯利乌斯的罪名，好像以何种外貌出生决定于他的选择。

西塞罗大理石头像

公元前40年～前30年，佛罗伦萨，乌菲兹美术馆

第 2 章

阅读时快速记下的出自昆图斯·克劳狄乌斯的《编年史》第 1 卷的一些话。

（1）每当我阅读古代作家的书籍时，随后都会为了加强记忆，尽力铭记与复习书中所写的、无论从赞扬或者批评的角度来看都值得注意的内容。为了在需求来临时，可以回想起其中优美的词汇和句子，这种做法的确是非常有效的训练。（2）例如，我能记住昆图斯·克劳狄乌斯（Quintus Claudius）[1]《编年史（Annales）》第 1 卷中的这些话，我在前两天读此书时注意到它们。

（3）他说："大多数人扔掉武器，手无寸铁地躲了起来（inlatebrant sese）。" inlatebrant 看起来是诗的用语，但是既不刺耳也不生硬。

（4）他说："当事情这样发生时，拉丁人因为轻而易举的胜利而心情振奋（subnixo animo），制订了计划。" subnixo animo 意思是努力向高向上，相当有表现力，不是随意使用的，这个词语

1　即昆图斯·克劳狄乌斯·夸德里伽里乌斯（Quintus Claudius Quadrigarius），参看本书第 1 卷第 7 章第 9 节注。

表现了精神的高涨和自信，因为我们有什么东西可倚仗时，就仿佛会因之振作鼓舞。

（5）他说："他命令每个人去他的家，享用（frunisci.）他所拥有的一切。"frunisci 一词在马尔库斯·图利乌斯的年代就比较罕用，后来就更加罕用了，对古代不了解的人怀疑它不是拉丁语。（6）它不但是拉丁语，而且 fruniscor 这个词也比 fruor 更加悦耳动听。如同 fatiscor 来自于 fateor，fruniscor 来自于 fruor。（7）昆图斯·梅特卢斯·努米底库斯（Q.Metellus Numidicus）[1]，人们认为他的拉丁语用得准确而纯正，他在流放时寄给多米提乌斯（Domitius）[2] 的信中如此写道："他们确实被剥夺了所有的权利和荣誉，而我不缺水和火，而且享有（fruniscor）崇高的声望。"（8）诺维乌斯（Novius）[3] 在名为《吝啬鬼（Parcus）》的阿特拉剧中如此使用这个词：

quod magno opere quaesiverunt，id frunisci non queunt.

费力而获之物，人们无法享用（frunisci）。

qui non parsit apud se，... frunitus est.

不在家中节俭的人……，享福了（frunitus est）。

（9）"而罗马人，"夸德里伽里乌斯说，"备有（copiantur）许多武器、大量军粮和丰富的战利品。"Copiantur 是军伍用语，你难以在从事民事诉讼的演说家那里发现这个词，与下列词同类：lignantur（伐木）、pabulantur（征集粮秣）和 aquantur（汲水）。

（10）他说："日落（sole occaso）。"sole occaso 的发音不乏悦耳的古韵，只要听者的耳朵不至于卑俗而缺少品味。《十二铜表法（Duodecim Tabulae）》中这个词如此出现："则双方应于午前作简要陈述，而后结束辩护，双方必须到场。正午一过，应

1　昆图斯·梅特卢斯·努米底库斯（Q.Metellus Numidicus）参看本书第 1 卷第 6 章注。

2　当指格奈乌斯·多米提乌斯·阿海诺巴尔布斯或者卢基乌斯·多米提乌斯·阿海诺巴尔布斯。前者参看本书第 15 卷第 11 章注，后者参看第 15 卷第 13 章注。

3　昆图斯·诺维乌斯（Quintus Novius）参看本书第 15 卷第 13 章第 4 节注。

判到场一方胜诉。双方到场的，日落（sol occasus）为最后的时限。”[1]

（11）“我们，”他说，“留着它不做决定（in medium）。”普通人说的是“in medio”，因为他们认为前一种说法是错误的；要是你说 in medium ponere（把…公开），[2] 他们也认为是个语法错误。但是，只要你仔细地察看这些词，就会觉得这种说法更加正确、更具表现力。希腊语也是说 θεῖναι εἰς μέσον，这不是错的。

（12）“后来有人宣布，”他说，“他们已对高卢人（in Gallos）开战，国家深受其苦。”in Gallos 比起 cum Gallis 或者 contra Gallos 来更加简洁文雅，因为后者笨拙而陈腐。

（13）“同时，”他说，“他在外表、功绩、口才、身份、活力和信心方面都更胜一筹，于是很容易看出从他自己身上，在他自己手中，他拥有推翻共和国的巨大资源（magnum viaticum）。”magnum viaticum 是个新词，意思是巨大的能力和大量的储备。他看来是模仿希腊人，他们把 ἐφόδιον 的含义从“旅途费用”转变为“为另一件事的准备”，还经常用 ἐφοδίασον 来表示“筹备”和“准备”。

（14）“因为马尔库斯·曼利乌斯（Marcus Manlius）[3]”，他说，“如我前面所展示，拯救了卡皮托利地区，共和国认识到在高卢人面前，他以及独裁官马尔库斯·弗瑞乌斯（Marcus Furius）[4] 的行动是特别（cumprime）强劲、不可阻挡的，论出身、力量以及战

1 第 1 表第 7、8、9 条，中译文参考徐国栋译文。

2 词组 in medium 具有不同的意思，具体要看上下文以及与之搭配的动词。在词典中，in medium ponere 比较少见，in medio ponere 更常用。

3 马尔库斯·曼利乌斯·卡皮托利努斯（Marcus Manlius Capitolinus，？～公元前 384 年）是公元前 392 年的执政官。高卢人围困罗马期间（公元前 390 年），罗马城失守之后，曼利乌斯带领一支小守卫队在卡皮托利的城堡里坚守了几个月。当高卢人在布兰努斯（Brennus）的指挥下试图登上卡皮托利山时，曼利乌斯被圣鹅的叫声所唤醒，冲了过去，将领头的偷袭者抛下山岩。参看本书第 17 卷第 21 章第 24 节。

4 马尔库斯·弗瑞乌斯·卡米尔鲁斯（Marcus Furius Camillus，公元前 446 年～前 365 年），罗马军人和政治家。曾被誉为罗马的第二位创建者。曾四次获得凯旋式荣誉，五次出任独裁官。他所取得的最大胜利是公元前 396 年任独裁官时，征服了伊特鲁里亚的维伊城。

斗精神他都不逊于任何人。” adprime[1]比较常见，cumprime 比较罕见并且由前者转化而来，人们说 cumprimis 的意思是 inprimis（首要地）。

（15）夸德里伽里乌斯说“Nihil sibi divitias opus esse（他对财富无所需求）”，而我们用 divitiis。但是他的说法没有错误，而且它也不是惯常所称的一种格。这是一种正确的说法，古代人常常这样说。为何 divitiis opus esse 会比 divitias 更正确，理由无法给出，那些信奉新语法规则如同信奉神谕一样的人另当别论。

（16）“因为，”他说，“诸神的不公正尤其存在于此，恶人总是平安无事，他们却不许至善之人长留（diurnare）我们中间。”他罕见地用 diurnare 来代替 diu vivere，但是它与我们说 perennare 的形式相同。

（17）他说：“他与他们聊天（consermonabatur）。”sermonari 看起来有些土气，但是更加正确；sermocinari 更加常用，但是没那么纯正。

（18）他说：“甚至他自己都不会去做他那时所建议的事（Sese ne id quoque，quod tum suaderet，facturum esse）。”Ne id quoque 的意思是 ne id quidem，前者在如今的谈话中不常用，但是在古代书籍中很常见。

（19）他说：“圣所如此神圣（Tanta sanctitudo fani est），以至于无人敢于冒犯它。”Sanctitas 和 sanctimonia 也同样是纯正的拉丁语，但是 sanctitudo 这个词不知何故更加高贵些。

（20）正如马尔库斯·加图在《控卢基乌斯·维图里乌斯（In L. Veturius）》中认为说 duritudo（冷酷）比说 duritia 更加强烈，他说：“那个知道他的无耻与冷酷的人。”

（21）他说：“当罗马人民将如此重大的一笔抵押（arrabo）

1　参看本书第 6 卷第 7 章第 7 节。

置于萨谟奈人（Samnites）[1]手中时。”他称六百名人质为arrabo，他宁愿用这个词而非pignus，因为前者在这句话中的含义更加强烈、更加尖锐。但是如今arrabo开始被视为下流词汇，而arra[2]看起来更加下流，尽管古代人也经常使用arra，拉贝里乌斯就使用过好几次。

（22）他说“他们过着最为凄惨的生活（vitas）”，以及，（23）他说“此人在过度的悠闲（otiis）中耗费了年华”。在两种情况下，其优雅都是通过复数形式获得的。

（24）“科米尼乌斯（Cominius），[3]”他说，“沿着上去的路走了下来，欺骗了高卢人（verba Gallis dedit）。”他说：“科米尼乌斯欺骗高卢人（verba Gallis dedit[4]）。”此人没有对任何人说任何话，而围困了卡皮托利的高卢人也没看见他上去再下来。但是“verba dedit”所表达的别无他意，就类似于你说“latuit atque obrepsit（他躲躲闪闪、一路潜行）”。

（25）他说：“有一些山谷和大片的丛林（arboreta）。”arboreta是个比较罕见的词，arbusta[5]比较常用。

（26）“他们认为，”他说，“城堡里外的那些人们相互交流消息（commutationes）与计划。” commutationes就是聚会和交流，他说的这个词不常用，但是绝对不会笨拙，也不会粗俗。

（27）与此书有关的、读后记忆所能及的少许内容，此刻我记录于此。

1　萨谟奈人（Samnites）参看本书第1卷第14章注。

2　arrabo、pignus、arra的含义皆为抵押。

3　科米尼乌斯是一个勇敢的年轻人，据李维《罗马史》第5卷第46章第8节记载，他从维伊的罗马军队基地带了口信给被高卢人围困在卡皮托利的元老院，敦促他们召回流放中的马尔库斯·弗瑞乌斯·卡米尔鲁斯。

4　字面意思是“给高卢人递了话”。

5　arbusta起源自更早的arbos与-etum。

第 3 章

瓦罗《人事记》第 25 卷中的话，在其中他对荷马的一句诗的解释与通常观点相反。

（1）有一次，当我们谈论人类所用的一些物品的发现时间时，某个并非不学无术的年轻人说，在希腊地方，细茎针茅草（spartum）的用途长久不为人所知，伊利昂（Ilium）[1] 陷落许多年之后，人们才从西班牙将其运来。（2）在场的人们发出笑声，以表讥嘲。有两位半瓶醋的读书人，属于希腊人所说的 ἀγοραῖοι（爱逛市场的人），他们说那个发言者读过一本荷马，书上恰好漏了这句诗：

我们的船只的龙骨已腐朽，缆索（σπάρτα）已松弛。[2]

（3）于是此人十分恼怒，说："并非我的书缺了这句诗，而是你们缺了老师，如果你们相信这句诗中的 sparta 指的就是我们所说的 spartum 的话。"（4）人们发出了更响亮的笑声，没完没了，幸亏他拿出马尔库斯·瓦罗的《人事记（Liber Humanarum）》[3]

---

1 即特洛伊。

2 《伊利亚特》第 2 卷第 135 行。中译文据罗念生译本。

3 参看本书第 1 卷第 16 章第 3 节注。

第 25 卷。在其中瓦罗就荷马的这个词如此写道："我认为荷马诗中的 σπάρτα 指的与其说是细茎针茅草（spartum），不如说是 σπάρτος[1]，此物据说生长于底比斯地区。在希腊，刚刚开始的细茎针茅草供应来自于西班牙。利布尔尼亚人（Liburnus）[2] 也没有利用这一种材料，多数情况下反而用皮条来连缀船只，而希腊人较多地使用大麻、麻絮及其他栽培植物，σπάρτα 之名来之于这些材料。"（5）因为瓦罗这样说，我非常怀疑荷马诗中这个词中的末音节是否不该发尖重音（acuenda sit），除非它属于这样一类词，当它们离开了通常的含义，只表示某件事物的特别含义时，需要通过重音的不同以示区别。

1 σπάρτος 和 σπάρτα（单数 σπάρτον）当同义，皆指细茎针茅草或用其制成的绳索。

2 利布尔尼亚是伊利里亚（Illyria）的沿海地区。

第 4 章

诗人米南德对诗人菲莱蒙说的话，他经常在喜剧比赛中被后者不光彩地击败；以及欧里庇得斯在悲剧比赛中屡屡输给不知名的诗人。

（1）在喜剧比赛中，米南德（Menander）[1] 经常因为舞弊、偏袒和派别等原因，输给绝对无法与他匹敌的作家菲莱蒙（Philemon）[2]。（2）当他有一次偶遇后者时，说："菲莱蒙，我求你发善心告诉我，你战胜我时不会脸红吗？"

（3）马尔库斯·瓦罗说尽管欧里庇得斯（Euripides）[3] 写了七十五部悲剧，也只有五部获胜，[4] 因为一些平庸的诗人常常击败他。

（4）有些人说米南德留下了一百零八部喜剧，而另一些人说是一百零九部。（5）但是我在大名鼎鼎的作家阿波罗多鲁斯

---

1 米南德（Menander）参看本书第 2 卷第 23 章注。

2 菲莱蒙（Philemon，希腊文 Φιλήμων，约公元前 362 年～前 262 年）是雅典诗人和新喜剧作家。在喜剧比赛中，他经常战胜比他年轻的米南德。

3 参看本书第 1 卷第 15 章第 18 节注。

4 有些希腊文手稿中说欧里庇得斯有十五部获胜，对于这位非常受人欢迎的剧作家来说，似乎更加合理。索福克勒斯（Sophocles）光是在狄奥尼索斯节（Dionysia）上就获胜 18 次。

（Apollodorus）[1] 名为《编年史（chronica）》的书中读到下述有关米南德的诗句：

凯菲西亚（Κηφισιά）之子，狄奥佩泰斯（Διοπείθης）[2] 是他爹，
他还写了戏剧百部，还要加上零头五篇，
五十二岁那年他撒手人寰。

（6）同一个阿波罗多鲁斯在同一书中写道在所有这一百零五部剧作中，他只获得了八次胜利。

《亚历山大马塞克画》局部

公元前 1 世纪，推测为厄立特里亚的菲力奥克诺斯的壁画复制品（公元前 310 年），发现于庞贝遗迹中，现藏那不勒斯国立考古博物馆。

1 即雅典的阿波罗多鲁斯（Ἀπολλόδωρος ὁ Ἀθηναῖος，公元前 180 年～前 120 年后），希腊学者、历史学家和语法学家。公元前 146 年离开亚历山大到帕加马（Pergamon），最后移居雅典。著有《编年史（chronica）》《论神（Περὶ θεῶν）》。

2 狄奥佩泰斯（Διοπείθης，生活于公元前 4 世纪）是一个雅典将领，有可能是米南德的父亲。

第 5 章

在一些吹毛求疵的修辞学家看来，马尔库斯·西塞罗在其《论友谊》一书中，使用了有缺陷的论据，把有争议的事情当作公认的，这绝不属实；对这一点进行了全面而详尽的讨论和分析。

（1）马尔库斯·西塞罗在名为《莱利乌斯（Laelius）[1]》或者《论友谊（De Amicitia）》的对话体文章中希望告知人们，不应当在心怀对利益的希望和期盼，着眼于酬劳和报答的情况下培育友谊，而是因为友谊本身充满了美德与荣誉，所以应当予以追求和珍视，即便你无法从中获得帮助和利益。他使用了下述措辞与话语，并且借盖乌斯·莱利乌斯之口说出。后者是一位明智之士，与普布利乌斯·阿非利卡努斯[2]极为友好。（2）他说："归根结底，阿非利卡努斯需要我的帮助吗？我也不需要他的帮助。我只是出于钦佩他的品德而喜欢他，反过来，他可能是出于对我的品格的一些好感而喜欢我。友谊增添了我们的感情。虽然许多重大的利益会随之而来，

1　盖乌斯·莱利乌斯·萨皮恩斯（Gaius Laelius Sapiens，公元前 188 年～？）是本书第 16 卷第 4 章第 2 节中提到的盖乌斯·莱利乌斯的儿子。曾任前 140 年的执政官。因和小西庇阿的友谊而闻名。

2　即小西庇阿。

但是友谊并非起源于对于这些利益的期盼。因为我们善良而慷慨，不是为了谋求好感，也不是施恩图利，而是我们天性趋向慷慨。我们认为如此追求友谊，不是因为有希望得到回报，而是因为友谊的全部硕果便是感情本身。”[1]

（3）在一次学者们的聚会上有人碰巧读了这些话。一位熟悉两种语言的诡辩修辞学家，他在这些被称为专家（τεχνικοι）的精明而挑剔的教师当中也绝非籍籍无名，在讨论中也很活跃，他认为马尔库斯·图利乌斯使用了一个既不合理也不能说明问题的论据，反而和他所探讨的事情一样存在相同的问题。他用希腊语说了这种缺陷，即西塞罗“把有争议的当作公认的（ἀυφισβητούμενον ἀντὶ ὁμολογουμένου）”。（4）“因为，”他说，“他使用善良和慷慨来肯定他所说的友谊，此时这个问题经常被问及而且应该被问及：无论谁行慷慨而大方之事，他如此慷慨和大方伴有何种想法和考虑？要么他希望得到相互的好感，在他所慷慨对待的对象身上激发对他的相同关爱，这似乎是大部分人的做法；要么他天性仁慈，慷慨和大方因行为本身让他快乐，全然没有通过善心得到回报的念头，在所有的情况中，这几乎是最罕见的。”（5）再者，他认为论据要么应当值得信任，要么一目了然，绝不可存有争议，他说，用一件确定无疑的事来阐明一件有疑问的或者模糊不清的事，称作 apodixis（证明）[2]。（6）为了说明善良和慷慨不应当用作探讨友谊这个问题的论据或例子，他说：“谁若是断言，人们在为人善良而慷慨时，不应当抱有获取收益的期望，而应当心怀高尚品格的仁爱和热诚，这样的话，友谊也可以因道理的大同小异而反过来用作论据。（7）的确他可以以类似的方式这样说：‘既然我们在珍爱友谊时不怀谋利的期望，我们就不该在为人善良而慷慨时，渴望好意获得回报。’”（8）他说：“他完全可以这样说。但是，友谊

1 《论友谊》第 30、31 节。

2 即希腊文 ἀπόδειξις。

不能作为慷慨的论据，而慷慨也不能作为友谊的论据，因为两者同样都是问题。”

（9）在有些人看来，这个修辞学家说得巧妙精到，但是显然他并不知道事物的正确名称。（10）因为西塞罗所称的善良慷慨者，就像哲学家们认为应当如此称呼的那样，指的并不是西塞罗本人所说的那种施恩图利者，而是那种行事大方，但对利益回报无暗中盘算的人。（11）因此他所用的论据并非模糊不清或者模棱两可，而是确定而清晰的。只要某人确实善良而慷慨，他出于何种考虑而行事善良慷慨，就不值一问。（12）因为，如果他做这些事时，是为了惠及自己而非他人，就应当用大不相同的名字来称呼他。（13）如果西塞罗这样说的话，这位诡辩家的指责或许还有点道理："因为我们行善良而慷慨之事，不是为了索要感谢。"因为这好像是说，如果善行不是出于行善者恒久不变的慷慨，而是因为某种情况而发生的，那它就可能出现在不善之人的身上。（14）但是当西塞罗说"善良而慷慨的人们"时，他们就是我们前面所说的那种人，别无其他。那人是用俗话说的"未洗之脚（inlotis pedibus）"[1]般的词语来指责最为博学者的文章。

1 借自希腊语的谚语，意思是没有准备好。起源是参加宗教仪式时，在触摸圣物之前，每个人都需要事先洗涤。陶洛斯也用过类似的话，参看本书第1卷第9章第8节。

第6章

维里乌斯·弗拉库斯在其所著的《论马尔库斯·加图的隐晦难懂》第2卷中，所写的关于专有奴隶的文字是不真实的。

（1）马尔库斯·加图在推荐沃科尼乌斯法（Lex Voconius）[1]时使用了这些话：“一开始，你的妻子带给你大笔嫁妆，后来她拿回许多钱，不再委托丈夫掌管，而是将钱借给丈夫；后来，当她被惹火的时候，就吩咐专有奴隶（servus recepticius）跟着丈夫，向他讨债。”

（2）有人问，什么是“专有奴隶”。立刻有人去找维里乌斯·弗拉库斯《论马尔库斯·加图的隐晦难解（De obscuris M. Catonis）》一书，并拿了过来。人们发现在第2卷中，作者说专有奴隶一文不值、价格低廉。曾经在出售之后，因为某种缺陷而被人退还，由原主重新收回。（3）“因此，”弗拉库斯说，“命令这样一种奴隶去追着丈夫要债，来让丈夫痛苦更深、羞辱更重：居然被一文不值的奴隶盯着不放，追着要钱。”

1 参看本书第6卷第13章注及本书第20卷第1章第23节。西塞罗的《论老年（Cato Maior De Senectute）》第14节中提到了他推荐这项法律一事。这项法律大体上与遗产有关，其中一个条款是不可以指定妇女作为继承人。

（4）如果有那么一些人为维里乌斯·弗拉库斯的权威所打动，我恳请他们的宽恕与原谅，因为我要说下面这些话：（5）实际上加图所说的这种情况下的 servus recepticius，全然不是弗拉库斯所写的那样。（6）对任何人来说，这都不难理解。情况毫无疑问是这样的，当妻子将嫁妆给丈夫时，她的资产中保留下来没托付给丈夫的部分，就叫作她 recipere（保留）的，就如今天我们在出售时也称那些挑出来不卖的东西为 recipi（被保留）的。（7）普劳图斯（Plautus）[1]在其《三文钱（Trinummus）》中的下述诗句中也使用了这个词。

Posticulum hoc recepit，cum aedis vendidit.

当他卖掉房子时，他留了这间小后屋。[2]

那就是说，当他卖掉房子时，没把位于房子后面的一间小后屋卖掉，而是保留了下来。（8）加图本人也希望讲讲一个富有的妻子。他说："妻子给了一大笔嫁妆，保留了一大笔金钱。"这就是，既给出了一大笔嫁妆，又留下（retinet）一大笔钱。（9）而后，她从拿出嫁妆后留给自己的财产中，取了笔钱借给丈夫。（10）丈夫惹恼了她，她开始索要这笔钱，指派"专有奴隶"作为讨债人。这是她个人的奴隶，此人和剩余的钱一道保留了下来，留给她自己，而没有作为嫁妆交出去。因为她不可能支使丈夫的奴隶做这样的事，只好指派自己的奴隶。

（11）我不愿让自己说更多来维护自己的看法。弗拉库斯和我的观点都明摆在那里，因此，谁觉得哪一种更正确，就采用哪一种。

1　参看本书第 1 卷第 7 章注。

2　普劳图斯《三文钱》第 194 行。

第 7 章

摘自阿提尼乌斯法的话："对于被窃之物，失主的所有权是永久的"，在普布里乌斯·尼基第乌斯和昆图斯·斯凯沃拉看来，这不仅与未来的偷窃有关，也同样和过去的偷窃有关。

（1）古代的阿提尼乌斯法（Atinia lex）[1]中有这句话："对于被窃之物，失主的所有权是永久的。（Quod subruptum erit, eius rei aeterna auctoritas esto.）"（2）有谁认为在这句话中的法律说的不是未来的时间？（3）但是昆图斯·斯凯沃拉（Quintus Scaevola）[2]说他自己的父亲、布鲁图斯（Brutus）[3]以及曼尼里乌斯（Manilius）[4]这些特别博学的人们曾经询问与怀疑，这条法律是

1 即有关所有权的阿提尼乌斯法（Atinia lex de usucapione），公元前 197 年由盖乌斯·阿提尼乌斯·拉贝奥（Gaius Atinius Labeo）提议，涉及根据时效获得的所有权。此法不同于本书第 15 卷第 8 章第 2 节提到的阿提尼乌斯平民决议。

2 即昆图斯·穆吉乌斯·斯凯沃拉（Quintus Mucius Scaevola），参看本书第 6 卷第 15 章注。

3 即马尔库斯·尤尼乌斯·布鲁图斯（Marcus Junius Brutus，公元前 85 年～前 42 年）古罗马的政治家和将领，公元前 44 年刺杀凯撒的主事者之一。在后来与马克·安东尼和屋大维的战斗中失利并且自杀。他是一个斯多葛派学者，有许多哲学和文学著作，均已佚失，仅存两卷和西塞罗的通信。

4 即曼尼乌斯·曼尼里乌斯（Manius Manilius，活跃于公元前 155 年～前 149 年），知名法学家和演说家，公元前 149 年的执政官，小西庇阿的密友。

否仅仅对以后犯下的偷窃有效，或者也对以前犯下的偷窃有效？因为“subruptum erit（被窃）”似乎可以表示两种时间，过去的或者未来的。

（4）因此，最为博学的罗马公民普布里乌斯·尼基第乌斯，在他的《语法学评注（Commentarii Grammatici）》第23卷中讨论了他们的这个怀疑。而他本人也同样认为时间的表示是不确定的。（5）不过他说得极其简略而含糊，因而你会发现他记下这些事，与其是为了教导读者，不如说是为了帮助他自己的记忆。[1]（6）不管怎样，他似乎是说est和erit都是用其本意的词，当它们自己单独使用时，拥有并且保持它们本身的时态；然而当它们和过去分词联用时，他们就会失去自己的时态，转到过去。（7）因为当我说in campo est（他在田野上）、in comitio est（他在集会场）时，我指的是现在的时间；同样，当我说in campo erit（他将会在田野上）时，我表示的是未来的时间；当我们说factum est、scriptum est、subruptum est时，虽然动词est的时态是现在时，然而当与过去时连用时，现在的含义就消失了。（8）他说：“因而这也就是这条法律中的情况：如果你把subruptum和est这两个词分割开来，那么subruptum erit在你听来就好像certamen erit（将会有一场竞赛）或者sacrificium erit（将会有一次献祭），于是这条法律就好像是说未来的事；然而如果你知道这两个词是紧密相关、不分彼此的，即subruptum erit不是两个词，而是一个词语，组合起来作为动词的被动语态的变位形式，那么这个词语不仅表现未来的时间，也表现过去的时间。”

1 参看本书第16卷第8章第3节。

第8章

在哲学家陶洛斯饭桌上的谈话中常常会提出并且探讨这样的问题："为什么橄榄油会经常而且容易凝结，酒却较少，醋则几乎不会"以及"河水和泉水会结冰，海水却不会结成冰"。

（1）在雅典，哲学家陶洛斯（Taurus）[1]经常在一天中夜晚来临时招待我们晚餐，因为此时正是吃饭的好时候。（2）晚餐的基本主食通常是一罐埃及的豆子和切成小块的瓜。

（3）有一天，当餐盘已经送上来，摆在桌子上，我们也已经准备就绪，等着开饭时，陶洛斯让男仆把橄榄油倒进罐子。（4）那个男仆生于阿提卡，最多不过八岁，洋溢着他那个年纪的快乐和他那个民族的机智。（5）他拿来一个空的萨摩斯（Samos）的瓶子，按他的说法，是有油的。他把那瓶子翻了过来，然后想和平常一样用手把油浇遍罐子各处，但是油却没有出来。（6）生气的男仆恶狠狠地往瓶子里面瞧，更大力地摇晃瓶子，再次倒向罐子。（7）当我们都在悄声轻笑他的举动时，男孩却用希腊语，而且还是标准的阿提卡话说："别笑，里面有油，只是它不出来，你们知道今天早上

1　陶洛斯（Taurus）参看本书第1卷第9章注。

有多冷吗？这油都冻起来啦！”（8）陶洛斯笑着说：“这个小坏蛋，你赶快跑去搞些油来啊！”

但当男孩出门去买油的时候，没因这一耽搁而生气的陶洛斯说道：“罐子里的菜要放油，并且照我看，它还烫得没法吃，我们倒不如先缩回我们的手。因为刚才男仆提到，油常会凝结，我们趁这个时间考虑一下，为什么油会经常容易凝结，而酒却很少凝结。”（9）然后他看着我，让我说说我的想法。（10）于是我回答说，我猜测，酒之所以凝结得比较慢，乃是因为它自身具有某种热的元素（semen），比较偏火性，正是因为这一点，而不是像有些人认为的那样是因为它的颜色，荷马才将酒称为“火焰般的”（αἴθοπα οἶον）[1]。

（11）陶洛斯说道：“确实如你所说。正如人们熟知的那样，我们喝酒时，酒使得我们身体暖和。（12）但是油也同样富含热量而且暖身的作用也不差。（13）此外，如果照这种说法，越富含热量的东西，就越难凝结的话，那么顺理成章，越是寒性（frigidus）的东西便越容易凝结。（14）然而醋是所有东西里面性最寒的，但它却从来不会凝结。（15）那么，油更易于凝结的原因是否在于它的‘光滑’呢？因为似乎越是光滑平顺的东西，越容易凝结。”

（16）他说，此外，这个问题也是值得探究的：为什么河水和泉水会结冰，而所有的海水都不会结冰。他说：“然而，《历史》的作者希罗多德的观点则与几乎所有探究过这一问题的人相反。他曾写道：‘博斯普鲁斯海（mare Bosporicum）[2]被人们称为辛梅里安人的海（Cimmerium）[3]，而整片海域被称为西徐亚人的海

1 荷马《伊利亚特》第1卷第462行。

2 即博斯普鲁斯海峡，是沟通黑海和马尔马拉海的一条狭窄水道。

3 辛梅里安人是一个生活在黑海北面或者西北面的寒冷黑暗地区的半神话民族。

(Scythicum)[1]，它们会冻结成冰然后保持不变。’”[2]

(17) 当陶洛斯说这些的时候，男仆回来了，罐子冷却了，到了安安静静用餐的时间。

贤士来朝

〔意大利〕桑德罗波提切利(1445年～1510年)

1　西徐亚人参看本书第9卷第4章注。

2　希罗多德《历史》第4卷第28章。不过在书中希罗多德没有称这部分海域(亚速海和黑海)为“西徐亚人的海”，而只是称为“海”。

第9章

关于在盖乌斯·凯撒信中发现的字母符号；以及关于从古代历史中得到的其他秘密字母；以及什么是拉克尼亚棍子（Laconica σκυτάλη）。

（1）有一些盖乌斯·凯撒致盖乌斯·欧比乌斯（C. Oppius）[1]和巴尔布斯·科尔内利乌斯（Balbus Cornelius）[2]的信札集，凯撒不在罗马时，由后两者照料他的事务。（2）在这些信件的某些地方，发现了一些单独的字母，它们没有组合成音节，你会以为它们是无序摆放的，因为用这些字母无法构成任何词。（3）然而在他们之间有一个关于字母位置变换的秘密约定，这样，在写的时候，一个字母占据了另一个字母的位置与名义，但是在读的时候，每一个字母的位置与作用都回复原状。[3]（4）究竟写下来的哪个字母代替了哪个，如我所说，制定这套密写法的人们事先达成了共识。

1 参看本书第6卷第1章注。

2 卢基乌斯·科尔内利乌斯·巴尔布斯（Lucius Cornelius Balbus，生于公元前1世纪早期）是来自西班牙伽戴斯（Gades）的犹太富有银行家，凯撒的密友。公元前40年成为第一位外国出生的执政官。

3 参看苏埃托尼乌斯《十二凯撒传·尤利乌斯·凯撒》第56节。凯撒是用第四个字母置换第一个字母，即用d来代替a，以此类推。

（5）语法学家普罗布斯（Probus）[1]甚至非常精心地写了一部关于盖乌斯·凯撒书信写作中字母的隐秘含义的评注。

（6）而古代的拉刻代蒙人，当他们希望保护与隐瞒发给他们的统帅的公函时，就会送出按下述方法写成的信件，以免万一信件被敌人截获，计划为敌所知。（7）他们有两根圆木棍，圆滑而修长，粗细和长度相同，打磨修饰得一模一样。（8）一根交给动身前赴战场的统帅，另一根留在国内，由行政官们保管封存。（9）需要发送较为机密的公函时，他们在圆棍上缠绕一条厚薄合适、长度合乎用途的皮条，卷成平整的螺旋状，如此一来，卷在木棍上的皮带的边缘处处相接相缠，融成一体。（10）然后他们把字写在皮条上，文字跨过相邻的皮条边缘，一行行从上到下。[2]（11）如此写好之后，他们将皮条从木棍上解了下来，派人送给知道这项设计的统帅。（12）但是皮条一解下来，文字就变得残缺不全，它们的部件与笔画变得分散零落。（13）这样，万一这根皮条落入敌人手中，他们无法从这些字迹中猜测出任何内容。（14）可是当指定的收件人拿到后，就按照他所知的正确操作方式，从头到尾把皮条绕在他所持有的相同木棍上，这样一来，通过在木棍的相同环绕，文字再次拼合，显露出完整无损、易于阅读的信件。（15）拉刻代蒙人称这种信件为 σκυτάλη（木棍）。（16）我也曾在关于一部关于布匿人事迹的历史中读到某个出自那里的名人，我记不清是谁，那个哈斯德鲁巴尔（Hasdrubal）[3]或者另外一个人，以下述方式来隐藏写有秘密事项的信：（17）他拿到新的未涂蜡的写板，在木板上

1　即马尔库斯·瓦勒里乌斯·普罗布斯（Marcus Valerius Probus），参看本书第 4 卷第 7 章注。

2　在斯巴达，棍棒被用来作为书写密信的密码工具，一根皮条斜着缠在棍子上，在皮条上纵向写下信的内容，这样当皮条被解下来之后，内容就无法辨认了。在外的指挥官手上有同样粗细的棍子，收到皮条后将其缠在棍子上，就能读信了。

3　可能是指哈斯德鲁巴·巴尔卡（Hasdrubal Barca，公元前 245 年～前 207 年），汉尼拔的弟弟，迦太基将领。公元前 218 年掌管西班牙，曾在第二次布匿战争中与大西庇阿兄弟交战 6 年。

刻下文字，而后按照通常的做法，在写板上涂上蜡，将仿佛不曾写过字的写板送交给事先约定方法的收信人。后者刮去蜡，就可阅读木板上所刻的完好无损的文字。

（18）在希腊的历史记载中，还有一种玄妙而不可思议的，凭一个蛮族人的机智得以发明的保密术。（19） 此人名为希斯提阿欧斯（Histiaeus）[1]，出生于亚细亚地方，地位不算卑微。（20）此时大流士王统治亚细亚。（21）此希斯提阿欧斯人在波斯，大流士跟前，他想用密信通知某个阿里斯塔戈拉斯（Aristagoras）一些秘密事项。（22）他想出了这样一种令人惊讶的书写秘法。他将一位长期患有眼疾的奴隶的头发剃光，仿佛是为了替他治病，然后在他平滑的头皮上刺上字母的线条。（23）写完他想写的文字后，他让那个奴隶留在家中，直到头发长出来。（24）头发长好后，（25）他吩咐此人动身前去阿里斯塔戈拉斯处，对他说："你到达彼处后告诉他，我吩咐他将你的头发像我不久前亲自做的那样剃光。"（26）阿里斯塔戈拉斯不觉得此事荒唐，按令行事。信就这样送到了。

1　希斯提阿欧斯（Histiaeus，希腊文 Ἱστιαῖος，？～公元前 493 年）是公元前 6 世纪后期米利都（Miletus）的首领，波斯国王大流士一世手下的一位君主，曾经统治米利都和小亚细亚地区的其他爱奥尼亚城邦。这个故事详见希罗多德《历史》第 5 卷第 35 章。

第 10 章

法沃里努斯对维吉尔的诗有什么评价，在其中维吉尔模仿了品达的诗，描述了埃特那山的酷热；他对两人同一主题的诗歌所作的比较和评判。

（1）我记得，当哲学家法沃里努斯退到他的一位东道主位于安提乌姆（Antium）[1]别墅里躲避一年之酷暑，而我从罗马前去看望他时，他大致以这种方式就诗人品达和维吉尔进行了谈论，他说：（2）“普布里乌斯·维吉尔的朋友和亲属们在他们留传下来的，有关维吉尔的天赋与风格的回忆中说，他经常会说自己按照某一头熊的习惯与方式来写诗。（3）这头野兽产下了一只丑陋畸形的幼崽，而后，通过舔舐这只天生如此的幼兽，改变、塑造了它的形象。他才智的新产物也是这样的，外表粗糙而不完美，但是通过后来的推敲与修饰，他会为它们外表和面目添上清晰的线条。[2]（4）这一点证明了这位品味尤为细腻的人说话极其坦率真诚。（5）他所留下的作品，凡是经过修改与润色，并最终亲手作过审订与斟酌的，都

1　安提乌姆（Antium）是拉丁姆的一座古城，因时运女神（Fortuna）庙而闻名。

2　参看苏埃托尼乌斯《名人传略（De illustribus）·诗人·维吉尔》。

会闪耀出诗歌魅力的全部光彩。（6）但是那些诗人拖延下来，想要以后修订，但因为死亡先行一步而未能完成的部分，则绝对配不上最优雅诗人的名声和品味。（7）疾病击倒他后，他看见了死亡来临，便迫切地恳求哀告密友们将尚未充分润饰的《埃涅阿斯纪》付之一炬。”

（8）“在这些，”他说，“看起来必须修饰润色的文稿中，有一段尤其如此，它写的是埃特那山（mons Aetna）[1]。因为早先的诗人品达（Pindarus）[2]的一首诗写了这座山的特征与火焰，他想要模仿这首诗，费心采用了这样的句子和措辞，以至于至少在这一段中，他写得比品达本人还要张扬夸张，后者是公认辞藻过于炫丽奢华的。（9）为了让你们自己，”他说，“对我的话做个评判，我将尽我记忆所及，读一下品达写的关于埃特那山的诗：

从山的幽深处喷涌出最纯粹的火泉，不可靠近，
白日里，火河翻腾起炽热的滚滚浓烟，
可是到了夜晚时分，
绯红的火焰推动岩石，轰然落入了深深的海底。
那怪兽[3]喷射出可怖的火神之泉。
看起来真是奇异的景观，你在旁倾听也会惊诧不已。[4]

（10）现在听一下维吉尔的诗，”他说，“我得说，这与其说是成品，不如说是毛坯：

1　埃特那山（mons Aetna）是一座位于西西里岛东部海拔 3325.1 米的活火山。根据现知的材料它首次喷发于公元前 475 年。

2　品达（Pindarus，希腊文名 Πίνδαρος，约公元前 518 年～前 438 年）有“抒情诗人之魁”之称，是希腊作家中第一位有史可查的人物。他生于古城底比斯附近的贵族家庭，受过良好的教育，会吹笛和弹竖琴，精通诗歌格律，曾遍游希腊各大城市。生前就已闻名遐迩。只有部分作品流传下来。

3　此怪物为提丰（Typhoeus 或者 Τυφῶν），它是一个蛇型巨怪，古希腊神话中最可怕的动物。曾试图推翻宙斯，被宙斯的雷电所击败，埋于埃特那山下。

4　《阿波罗赞（Pythian）》第 1 章第 21 ～ 26 行。

这港口宁静而宽广，大风从不光临，
可近旁的埃特那轰鸣着可怖的爆裂声，
时而向天空喷发一片冒烟的乌云，
伴随漆黑的旋风与熠熠发光的热灰，
它把一些火球抛向云霄，舔舐星辰。
时而吐出岩块，是从山体自身扯下的脏腑，
天空底下熔化的巨石堆积起来
声音呜咽，大地深处沸腾不息。”[1]

（11）法沃里乌斯说：“首先，品达写得更加尊重事实：情况是怎样的，发生了什么事，在他亲眼看来是怎样的；在白天，埃特那冒着烟，到了夜晚，它喷出火焰。（12）而维吉尔致力于寻求词的喧闹与响亮，不加区别地混淆了两个时间。（13）再者，那位希腊人生动地描写了火泉从深处涌出，浓烟之溪流过，鲜红曲折的火焰起伏着奔入广阔的海洋，宛如条条火红的大蛇。（14）但是我们的诗人粗糙而无节制地堆砌了‘atram nubem turbine piceo et favilla fumantem（冒烟的乌云伴随漆黑的旋风与热灰）’，希望以此来迻译 ῥόον καπνοῦ αἴθωνα（炽热的滚滚浓烟），（15）还将品达所说的 κρουνοί（泉）拙劣而自作主张地译成‘火焰之球’。（16）同样，他所说的‘舔舐星辰’”，法沃里乌斯说，“这也是多余而无益的堆砌。”（17）他这样的说法也可以说是无法解释、近乎不可思议的：“乌云冒烟，伴随漆黑的旋风与熠熠发光的热灰。”（18）法沃里乌斯说：“发光的东西通常不会冒烟，也不会是黑色的，除非他是在粗俗而不恰当地用 candenti 指‘灼热的’灰烬而非‘燃烧的、闪光的’灰烬。因为 candens 显然来自于 candor（白色），而非 calor（热）。（19）而他说，‘巨石和岩块被喷吐出来’，它们立刻‘熔化，呻吟’并且‘在天空下堆积’，”法沃里努斯说，“这些，

1 《埃涅阿斯纪》第 3 卷第 570 ~ 577 行。

品达未曾写过，也从未听人说过，在人们谈及的所有古怪事情中，这是最为古怪的。”[1]

但丁与维吉尔在地狱中

〔法〕威廉·阿道夫·布格罗（1825 年～1905 年）

1 并非所有的现代批评家同意法沃里努斯对维吉尔末尾两句诗的看法，因为它们的音效与含义精巧地协调一致。

第 11 章

普鲁塔克在他的《会饮文集》中利用古代医生希波克拉底的权威来为柏拉图关于胃与被称为 τραχεῖα 的喉管的构造与性能的观点辩护，反对医生埃拉西斯特拉托斯的观点。

（1）普鲁塔克和其他一些博学者都写道，柏拉图曾经受到著名的医生埃拉西斯特拉托斯的批评，因为柏拉图写道，喝下去的东西会流到肺，经充分浸润后再流出来，因为肺是多孔隙的。最后，这些酒再流向膀胱。[1] 他们说，这一错误来自阿尔凯乌斯（Alcaeus）[2]，他在诗中写道：

美酒润湿了肺腑，天狼星闪耀夜空。

（2）但是埃拉西斯特拉托斯声称，有两条从喉咙向下的通道，或者说“喉管”。其中的一条，所有的食物和饮料都会经由它进入胃里，并从那里传到小腹（ventriculus），即希腊人所谓的 ἡ κάτω κοιλία，在那里，东西会被粉碎、消化，干的残渣会进入肠

1 《蒂迈欧篇（Timaeus）》70.c、91a。

2 即米提利尼的阿尔凯乌斯（Alcaeus，希腊文 Ἀλκαῖος ὁ Μυτιληναῖος，约公元前620年～？），来自希腊累斯博斯岛的抒情诗人。主要创作关于时政的抒情诗，此外还创作爱情歌曲、酒歌和对神的赞美诗。

道（alvus），即希腊人所谓的 κόλον[1]，而液体则通过肾脏进入膀胱；（3）而通过另一条喉管，希腊人称之为“粗糙的气管”（τραχεῖα ἀρτηρία），气息从嘴唇经由此管流到肺部，再经原路从肺部回到嘴和鼻孔。（4）声音也通过同一条路径传送。为了防止本该进入胃部的饮料或者干食入口之后滑落到气息进出的喉管里，呼吸通道因此事故受到阻断，大自然巧施妙计，在这两个开口之处放置了某种活动阀门（claustra mobilia），希腊人称之为 ἐπιγλωσσίς（会厌），交替关闭或者打开每个开口。（5）吃与喝时，会厌闭合，保护粗糙的气管，避免食物与饮料落入气息起伏不止的通道。所以说，液体不会流入肺里，因为气管口得到了防护。

（6）这就是医生埃拉西斯特拉托斯的观点，与哲学家柏拉图针锋相对。不过普鲁塔克在他的《会饮文集（Symposiaca）[2]》中说，柏拉图观点的原创者是希波克拉底（Hippocrates）[3]，而且腓利斯提翁（Philistion Locrum）[4] 和希波克拉底的学生狄奥克西普（Dioxippus）[5] 也持有相同的观点，此两人都是古代赫赫有名的医生。而埃拉西斯特拉托斯所说的“会厌”位于此处，并不是为了避免所饮之物流入气管，因为液体对于保持肺部的温暖和湿润似乎是有用而且必要的。将它置于此处，毋宁说是作为一个管理者或者仲裁者，根据是否对健康有用来阻止或者放行，从而将所有食物挡在气管之外，推入胃中，而饮料则会被分开，部分流入胃里，部分流入肺部。而那些应该获准经过气管流入肺部的部分，不会一下子全部流进去，而是受到一道堤坝的阻拦抵挡，让它一点点地缓缓通过，并将剩余的部分都导入通往胃部的另一根喉管。

1 此处的小腹和肠道分别指小肠和大肠，古希腊语和拉丁语中，这些部位都没有统一的术语。

2 参看《会饮文集》第 7 卷第 1 章。

3 参看本书第 3 卷第 16 章注。

4 腓利斯提翁（Philistion Locrum）是公元前 4 世纪人，古希腊医生，罗克利（Locri）人，可能和柏拉图同时代。

5 狄奥克西普（Dioxippus）来自科斯岛（Cos），是希波克拉底的学生。

第 12 章

关于“不名誉的”论题，希腊人称之为 ἄδοξοι（出乎意料）者，法沃里努斯出于练习的目的予以讨论。

（1）“不名誉的”论题（Infames materias），若你愿意的话，也可称之为“出乎意料的”论题，而希腊人则称之为 ἄδοξοι ὑποθέσεις（出乎意料的论题）。这些论题，不仅古代的诡辩家，连哲学家都会予以采用。我们的法沃里努斯，他认为这些论题或宜于激发智力，或宜于训练机智，或宜于通过应用来克服困难，非常乐意投身其中。（2）例如，当他寻求泰尔西泰斯（Thersites）[1]身上的美德时，当他赞美三日疟[2]时，他确实说过，也曾在他的著作中写下，在这两种情形下的许多巧妙而不轻松的发现。

（3）但是在赞美三日疟时，他还引出柏拉图作为见证人，他说柏拉图写道，患三日疟后痊愈并且重获全新力量的人，以后的健康会更加可靠与稳定。[3]而且，在这一赞美中他不无优雅地戏做了

1 泰尔西泰斯（Thersites）是希腊传说中特洛伊战争时期的一个希腊人，以丑陋、下流而闻名。参看《伊利亚特》第 2 卷第 212 ~ 242 行。

2 疟疾的一种，每三天发作一次。

3 《蒂迈欧篇（Timaeus）》86a。

如下警句：（4）“下述诗句已为人类的漫长历史所验证：

日子有时像后妈，有时像亲娘。[1]

通过这句诗表达出，并非每一天都能过得好，而是一天过得好，另一天过得糟。（5）因为，”他说，“在人类的事务中，情况就是这样，好与坏轮流出现，这间歇为期两天的发热[2]该多幸运啊，这其中只有一个后妈，两个亲娘！”

1 赫西俄德（Hesiodus）《工作与时日（Ἔργα καὶ Ἡμέραι）》第 825 行。

2 根据古罗马计数法，三日疟是在每个第四天发作的，中间有两天间隔。

第 13 章

小品词 quin 有多少种不同的含义，在古代著作中又多么含糊不清。

（1）语法学家们称之为连接词的小品词 quin 似乎以不同的方式、不同的意义来连接语句。（2）因为，当我们说“quin venis？（你为什么不来？）”“quin legis？（你为什么不读？）”“quin fugis？（你为什么不跑？）”好像是在指责、询问或者鼓励时，人们认为这是一种意思；当我们如此断言：“non dubium est，quin M.Tullius omnium sit eloquentissimus（毫无疑问，马尔库斯 · 图利乌斯是所有人中最为雄辩的）”，这是另外一种意思；然而还有一种，当我们放上一句似乎与前面的话意思相反的话时：“non idcirco causas Isocrates non defendit，quin id utile esse et honestum existumarit（伊索克拉底不为诉讼作辩护，除非他认为这样做有用而且体面）。”（3）这个含义与马尔库斯 · 加图在其《史源（Origines）》第 3 卷中的用法并无不同：“Haut eos eo postremum scribo，quin populi et boni et strenui sient（我不会把他们放在最后写，除非他们是些善良而勇敢的人民）。”（4）马尔库斯 · 加图在其《史源》第 2 卷中也相去不远地使用了这个小品词：“Neque satis habuit，quod eum in occulto vitiaverat，quin eius famam prostitueret（暗中毁谤那人他仍意犹未尽，不曾让那人名声扫地）。”

（5）此外我还注意到夸德里伽里乌斯在其《编年史》第 8 卷中极其晦涩地使用了这个小品词。他的原话抄录如下：“Romam venit； vix superat，quin triumphus decernatur（他来到罗马，勉强谋得事成，获授凯旋式荣誉）。”[1]（6）同样在《编年史》第 6 卷中有他的这些话：“Paene factum est，quin castra relinquerent atque cederent hosti（他们差点这样做了：放弃营地，向敌人投降）。”（7）我很清楚，有人可能会立刻说这些话中并无什么疑难之处。（8）因为在这两处 quin 都是用如 ut，如果你这样说：“Romam venit；vix superat，ut triumphus decernatur”，[2]就会一目了然。另一处也是一样：“Paene factum est，ut castra relinquerent atque cederent hosti”（9）让这些如此胸有成竹的人们在他们所不知晓的词语变化中寻求理由吧，但是，请他们在可以这样做时，稍微谦逊些。

（10）实际上，我们所谈论的这个小品词，除非你知道这个词是组合连接而成的，不仅有连接的含义，而且还被赋予某种特定的意义，否则肯定不会理解这个词的释义和变化。（11）因为这属于一篇长文的内容，有余暇者可以在普布里乌斯·尼基第乌斯的题为《语法学》的评注里找到这个内容。[3]

---

1 Quin=“为什么不”。

2 这种写法忽略了 quin 一词中的否定含义。夸德里伽里乌斯书中的两个例子可以被解释为并列形式的疑问句。例如：“为什么不该将凯旋式授予他？”

3 Quin 一词源自 qui-ne。用法参看《拉丁语语法新编》557 节。

第 14 章

从普布里里乌斯的拟剧中选出的趣味格言。

（1）普布里里乌斯（Publilius）[1] 创作拟剧，人们认为他值得与拉贝里乌斯相提并论。（2）然而拉贝里乌斯的恶言与傲慢冒犯了盖乌斯·凯撒，所以凯撒宣称在他看来，普布里里乌斯的拟剧比拉贝里乌斯的更为可喜、更值得赞扬。

（3）此普布里里乌斯的格言为人所传诵，大多数巧妙有趣，极其适用于日常交谈。（4）其中有一些只有一行的短格言，我很乐意抄录如下：

不可更改的计划不是好计划。

施予得当，受益无穷。

难逃之劫，受之好过恨之。

惠人过度则助长贪欲。

旅伴口若悬河，安步足可当车。

节俭只是凄苦的粉饰。

1　即普布里里乌斯·叙鲁斯（Publilius Syrus，活动于公元前 85 年～前 43 年），罗马拟剧家，叙利亚人，幼年时作为奴隶来到罗马。

继承人的哭声便是面具后的笑声。

忍无可忍，终会爆发。

两次遇海难，不能怪海神。

交友当虑友成敌。

背负旧恨，易招新仇。

险只能以险制之。

争论过多，真理失落。

委婉的拒绝等于部分的允诺。[1]

献礼凯撒

〔意大利〕曼弗雷迪（1582 年～1622 年）

1 这些格言未必全部属于普布里里乌斯·叙鲁斯。

第15章

当柏拉图学派的卡尔内阿德斯要撰文反对斯多葛学派的芝诺的信条时，都会用嚏根草来清洁自己的胃；以及关于黑色和白色嚏根草的属性和疗效。

（1）当柏拉图学派（Academicus）[1]的卡尔内阿德斯（Carneades）[2]准备撰文反对斯多葛派（Stoicus）[3]哲学家芝诺（Zeno）[4]的作品时，都会用白嚏根草（elleborus）[5]来清洁上半身，确保没有任何出自胃的腐败液体涌入他灵魂的居所，削弱其思维的执着和力度。（2）经过一番如此细心谨慎的准备，这位才华卓越的人方着手撰写批驳芝诺的文章。（3）当我在希腊史中读到这件事的时候，我想知道，里面写的“白嚏根草”到底是什么。

（4）于是我得知，有两种不同的嚏根草，以颜色不同来区分：

1 参看本书第11卷第5章注。

2 参看本书第6卷第14章注。

3 参看本书第1卷第2章注。

4 参看本书第2卷第18章注。

5 是毛茛科多年生常绿草本植物。中国、欧洲均有分布。古代人用此物来治疗疯症和癫痫。

白色的和黑色的。但是这颜色的辨别，既不根据嚏根草的种子或者枝条，而是根据它的根；借助白色嚏根草，胃和上腹部（venter superior）[1]以呕吐的方式得以清洁；利用黑色嚏根草，则所谓的下腹部（venter inferior）[2]得以排空。两者的效用都在于将含有疾病要素的有害液体排出身体。（5）但是也存在这样的危险：当身体的所有通道都敞开时，生命要素存在其中的液体，也会和疾病要素一起流失殆尽，而人则会因为自然营养的整个根基枯竭而死亡。

（6）不过，普林尼·塞昆杜斯（Plinius Secundus）[3]在他的《自然史》中提到，在安提库拉岛（Anticyra）[4]上服用嚏根草是最安全的。他说，所以，当曾任平民保民官的李维乌斯·德鲁苏斯（Livius Drusus）[5]患上了所谓的人民集会病（comitialis）时[6]，他便坐船去了安提库拉，并在岛上服用了嚏根草，随后病痛得以祛除。

（7）此外我还在书中读到，高卢人在狩猎的时候，会将箭矢浸泡在嚏根草里，因为被这样的箭矢射杀的野兽，口感更为柔嫩。但是据说，因为接触了嚏根草，箭矢造成的伤口附近一大块肉要切掉。

1 即小肠，参看本书第 17 卷第 11 章第 2 节注。

2 即大肠。

3 参看本书第 3 卷第 16 章注。

4 安提库拉（Anticyra）是希腊科林斯海湾北岸的小城，位于一个半岛而不是岛上，此处有误。在古代因黑、白嚏根草而闻名。

5 马尔库斯·李维乌斯·德鲁苏斯（Marcus Livius Drusus，？～公元前 108 年），罗马政治家，公元前被元老院安排为平民保民官，来破坏盖乌斯·格拉古的土地改革法案。前 112 年任执政官，前 109 年任监察官。

6 即癫痫病。参看本书第 16 卷第 4 章第 4 节注。

第 16 章

本都的鸭子具有化解毒药的能力；以及关于米特拉达梯王在这种解毒药上的技巧。

（1）据说本都（Pontus）[1]的鸭子通常靠进食毒药生存。（2）格奈乌斯·庞培的被释奴莱奈乌斯（Lenaeus）[2]也曾写道，著名的本都国王米特拉达梯（Mithridates）王[3]擅长于这方面的药物与治疗，常常用鸭子的血来拌和有排毒作用的药物，而鸭血可能是这种药剂中最有效的成分。（3）国王本人常常采用这种药物来预防宴会上暗藏的密谋。（4）他甚至还在知情的情况下，为了炫耀之故，数次自愿喝下速效的毒药，但却毫发无伤。（5）因此，当他后来战败逃回王国的边远地区，决定结束生命时，为了速死，他尝试了最

1　小亚细亚东北部的一个古国，延伸到黑海南岸。此国建于公元前 3 世纪，在米特拉达梯六世的统治下达到鼎盛，直到公元前 66 年被庞培击败。

2　即庞培乌斯·莱奈乌斯（Pompeius Lenaeus），庞培的释放奴，曾跟随庞培参加过所有他指挥的战役。因为撒路斯特批评庞培，莱奈乌斯写了一首讽刺诗予以回敬。参看苏埃托尼乌斯《名人传略·语法学家》。

3　即米特拉达梯六世（Mithridates VI，公元前 135 年～前 63 年），又称米特拉达梯大帝，本都国王，被认为是罗马共和国最强大的敌人，曾经和罗马共和国晚期最卓越的三位统帅交战：苏拉、卢基乌斯·李基尼乌斯·卢库鲁斯和庞培。

猛烈的毒药，却告无效，只得用剑自刎。（6）此国王最为有名的解毒药被称为“米特拉达梯奥斯（Mithridatios）”。

第17章

本都国王米特拉达梯说二十二个民族的语言；昆图斯·恩尼乌斯说他自己有三颗心，因为他懂三种语言：希腊语、奥斯卡语和拉丁语。

（1）昆图斯·恩尼乌斯说自己有三颗心，因为他会说希腊语、奥斯卡语（Osca）[1]和拉丁语。（2）而被格奈乌斯·庞培所战胜的米特拉达梯，著名的本都和比提尼亚（Bithynia）[2]国王，精通他治下的二十二个民族的语言，和所有这些民族的人们交谈时从来无须借助翻译。每当有必要与某人谈话时，就用此人的语言和话语与之交谈，其熟练程度不输彼人之同族。

1　奥斯卡（Osca）是西班牙东北部的一座城市。

2　比提尼亚（Bithynia）是小亚细亚西北的一个古代王国，和本都一样位于黑海南岸，后来成为罗马的行省。

第18章

马尔库斯·瓦罗记述历史作家盖乌斯·撒路斯特被安尼乌斯·米罗捉奸，遭鞭打并赔钱之后才被放走。

（1）马尔库斯·瓦罗在学术上、在生活中都是重信用、有威望之人。他在题为《皮乌斯（Pius）》或名《论和平（De Pace）》一书中说，盖乌斯·撒路斯特，那些严肃庄重文章之作者，我们发现在他的历史著作中，他践行了监察官般的严格调查。但是他曾在通奸时被安尼乌斯·米罗所捉，挨了皮鞭痛打，赔了金钱之后，才得以脱身。[1]

1　这里说的是撒路斯特和米罗的妻子私通。在当时罗马的派系斗争中，撒路斯特属于凯撒派，而瓦罗和米罗都属于庞培派，所以这件事的可信度也是值得怀疑的。

第 19 章

哲学家爱比克泰德经常对那些热心于讨论哲学的无用而卑劣之人说的话；以及他嘱咐应当奉行，在各种事务上都极为有益的两句话。

（1）我听法沃里努斯说，哲学家爱比克泰德（Epictetus）[1]曾说过，大多数似乎在研究哲学的那些人都是这样一种人，**ἄνευ τοῦ πράττειν, μέχρι τοῦ λέγειν**，意思是“远离行动，止于谈论”。（2）实际上，阿里安（Arrianus）[2]在他所著的有关爱比克泰德论述的书中所记载的爱比克泰德常说的那句话更加激烈。（3）阿里安说：“当他注意到一个人恬不知耻、孜孜于恶、品性败坏、蛮横傲慢、爱说大话，除了不操心自己的灵魂，啥都操心时；当他看到这样的人也去研究哲学的学说和理论，涉足自然科学，学习辩论术，追寻探究许多此类的理论时，他高呼神明和众人帮助，在他的喊叫中常常用这样的话来责骂此人：‘人啊，你要把这些学问往哪儿搁？看一下那容器儿是否洁净，若是你把它们放入你的自负当中，它们就完了。若是它们腐烂了，就会变成尿或者醋或者更糟的东

1 参看本书第 1 卷第 2 章注。

2 参看本书第 1 卷第 2 章注。

西。’”[1]（4）确实，没有什么比这些话更加沉重、更加真实的了，在其中最伟大的哲学家宣告，哲学的著作和学问一旦流入虚伪而卑陋者之身，宛如流入污秽而肮脏的容器，被改变，被转化，被毁坏，如同他本人更加嘲讽地所说的那样，变成尿，或者什么比尿更脏的东西。

（5）此外，我还听法沃里努斯说，这同一个爱比克泰德常说，无耐性和无节制是两种极其严重、极其令人厌恶的过错，要么不能承受与忍耐那些须当忍受的不公，要么无法约束自己远离那些须当远离的事物和快乐。（6）“因此，”他说“谁若将下述两个词记在心中，有意用其来指导自己、遵其行事，他就成为近乎无可指摘的人，过着平静安宁的生活。”他说这两个词是 ἀνέχου（忍耐）和 ἀπέχου（克制）。

1 《爱比克泰德谈话录》第 2 卷第 19 章。请参看本书第 1 卷第 2 章第 7、8 节。

第 20 章

选自柏拉图《会饮篇》的文字，语词优美悦耳，抑扬顿挫。为练习之故，将其译成拉丁文。

(1) 在哲学家陶洛斯跟前，有人读了柏拉图的《会饮篇(Symposium)》。(2)文中。当宴客中轮到包萨尼亚(Pausania)发言时，他对爱的赞颂让话我如此喜爱，我甚至努力将它牢记在心。(3)就我记忆所及，他的话是这样的："一切行动皆如此：就其本身看，并无美丑之分，比如我们此刻所做的事，如饮酒、唱歌或者争论。所有这些事本身都不能说美，但是可以通过做的方式让它们变美。行事美好，方法正确，它就成为美的行为，做法不当，它就成为丑陋的行为。爱也是一样，并非所有的爱都是美好的、值得颂扬的，只有促使人们以美好的方式去爱的那种爱才如此。"[1]

(4)这些话读完之后，陶洛斯对我说："嘿！你这小演说家，"我刚被接纳进入学园时，他总是这样称呼我，认为我只是奔着修

1 《会饮篇》180e ~ 181a，译文参考了王太庆的中译文(《柏拉图对话录》，商务印书馆 2004 年版，第 300 页)。

辞学而来雅典的[1]，“你是否看出了这段推论，既丰富又睿智且圆融，节奏简短流畅，以某种均匀的循环连成一体？（5）你能从你们修辞学家的著作中为我们举出一段写得如此美妙而又悦耳的文章吗？但我建议你把这些韵律看成是旁枝末节，（6）应当直接深入柏拉图的内心，思考问题本身的分量和价值，而不应该流连于其音调的愉悦，辞藻的优雅。”

（7）陶洛斯这一番有关柏拉图文章的韵律的忠告非但没有阻止我，反而激发我尝试把希腊语文章的典雅用于拉丁文的表达中。（8）如同一些小而不起眼的动物随心所欲地模仿它们所听到或者看到的任何事物，同样，我欣赏柏拉图文章的风采，却无意模仿，只敢描画其轮廓侧影，就像我用他自己的词汇所复述的下述文字：（9）“普遍说来，每种行为都是这样的：就其自身而言，它既不是丑恶的，也不是高尚的，就像我们现在做的这些事情：饮酒、唱歌、讨论。这些事当中没有哪件就自身而言是高尚的。人们以何种方式去做这些事，它们就会以何种性质展现，如果我们以正确而高贵的方式去做，那么这件事就是高尚的，如果做的方式不正确，那么就是丑恶的。爱也是如此。因此，并非每一种爱都是高尚的，并非每一种爱都是值得称颂的，只有促使我们以高尚的方式去爱的那种爱恋才如此。”

1 作者去雅典似乎是为了完成他在罗马已经开始的学业。

第21章

罗马建城之后，第二次迦太基战争之前，希腊和罗马的名人高士于此期间繁盛一时。

（1）我想对古代时期，以及产生于这段时期的卓越人物有一个了解，免得在谈话中，不小心对杰出人物的时代和生平说出什么不智之语。就像那位未受教育的诡辩家，他最近公开谈论腓力（Philippus）[1]的儿子亚历山大（Alexandrus）[2]国王赠送一笔金钱给哲学家卡尔内阿德斯[3]；以及斯多葛派的帕奈提乌斯（Panaetius）[4]曾与老阿非利卡努斯（superior Africanus）[5]一起生活。告诉你，为了提防这一类的日期和时代的错误，我从涉及如下时期的、人们

1 即腓力二世，参看本书第2卷第27章注。

2 参看本书第5卷第2章注。

3 卡尔内阿德斯是公元前155年雅典遣往罗马的使节之一，亚历山大是公元前323年去世的，两人不是同时代的。

4 参看本书第12卷第5章注。

5 即大西庇阿，参看本书第4卷第7章注。他出生于公元前236年，帕奈提乌斯出生于公元前185年。实际上，后者是小西庇阿的老师兼朋友。

称为编年史[1]的书中摘记要点：罗马建城[2]之后，第二次迦太基战争[3]之前，希腊和罗马或因才智或因权力而名声卓著的英才密集出现的那段时期。现在我把这些记在各种地方的摘录匆匆整理起来。实际上，以敏锐与细致的态度来对照两国杰出人物同时出现的现象，并不是我的工作，我只是以某种方式为这部夜话洒上些许历史的花朵作为点缀。（2）而且在我看来，在这部笔记中，只需提及少许几人的年代就足够了，根据这些人的年代，便可以对更多我不曾提及者的年代轻松做出推测。

（3）因此我将从大名鼎鼎的梭伦（Solon）[4]开始，因为关于荷马和赫西俄德[5]，几乎所有作家都认为，他们要么生活在差不多同一时期，要么荷马稍早一点，但是两人都生活于罗马建城之前，西尔维乌斯（Silvius）们统治阿尔巴（Alba）[6]期间。据卡西乌斯（Cassius）[7]在《编年史（Annales）》第1卷中关于荷马和赫西俄德的记载，在特洛伊战争之后一百六十年以上；据科尔内利乌斯·奈波斯（Cornelius Nepos）[8]在其《年代记（Chronicus）》第1卷中关于荷马的陈述，比罗马建城早大约一百六十年。[9]

1　编年史（chronicus/χρονικά），或译年代记，是将历史事件按年代顺序排列的列表。奈波斯的《年代记》似乎列出了罗马和外国的历史（包括神话传说）的重要日期。

2　除了奈波斯的《年代记》之外，作者还使用了瓦罗的资料，后者使用另外一种年代记。根据这两个来源，作者将罗马建城时间计算为公元前751年（奈波斯）和前753年（瓦罗）之间。

3　即第二次布匿战争，公元前218年～前201年。

4　梭伦（公元前630年？～前560年？）参看本书第11卷第18章注。

5　参看本书第1卷第15章注。

6　参看本书第2卷第16章注。

7　卢基乌斯·卡西乌斯·海米那（Lucius Cassius Hemina，活动于公元前2世纪中期），是一部罗马编年史（Annales）的作者。此书以拉丁文写作，共四卷，所记述的历史从传说中的起源直至公元前146年。

8　参看本书第6卷第18章注。

9　奈波斯定的年份是公元前910年，而卡西乌斯定的是前1024年。根据现代对荷马史诗的语言分析，史诗的形成时期大约在公元前750年到前720年间。

（4）于是我们得知，名列那份著名的贤哲榜[1]中的梭伦，是在塔克文・普利斯库斯（Tarquinius Priscus）[2]统治罗马第三十三年时制定雅典的法律的[3]。（5）塞尔维乌斯・图利乌斯（Servius Tullius）[4]在位期间，庇西特拉图（Pisistratus）[5]是雅典的僭主，梭伦已在早些时候启程自愿流放，因为他为僭主做的预言未获采信。（6）后来，塔克文的绰号为高傲者（Superbus）的儿子[6]在位期间，萨摩斯（Samos）的毕达哥拉斯（Pythagoras）[7]来到意大利。（7）同一时间在雅典，庇西特拉图的儿子，僭主希庇阿斯（Hippias）的兄弟希帕尔库斯（Hipparchus）被哈尔莫底乌斯（Harmodius）和阿里斯多基同（Aristogiton）[8]所杀。（8）而奈波斯・科尔内利乌斯记载图鲁斯・霍斯蒂利乌斯（Tullus Hostilius）[9]统治罗马期间，阿尔奇罗科斯（Archilochus）[10]已经因诗歌而名声卓著。

（9）而后，罗马建城后的第二百六十年，或者此后不久，据记载波斯人在著名的马拉松战争中被统帅米太亚德

1 即希腊七贤，参看本书第 1 卷第 3 章注。

2 塔克文・普利斯库斯（Tarquinius Priscus，公元前 616 年～前 579 年在位），罗马七王之第五位。

3 梭伦立法是在公元前 594 年（也有人认为是前 574 年），塔克文・普利斯库斯在位第三十三年是公元前 584 年。

4 塞尔维乌斯・图利乌斯（Servius Tullius，公元前 579 年～前 534 年在位），罗马七王之第六位。

5 参看本书第 14 卷第 6 章注。

6 即卢西乌斯・塔克文・苏帕尔布斯（Lucius Tarquinius superbus，公元前 534 年～前 509 年在位），罗马七王之第七位。

7 参看本书第 3 卷第 17 章注。毕达哥拉斯于公元前 6 世纪中晚期来到意大利南部，一直生活到去世。

8 此事发生于公元前 514 年。参看本书第 9 卷第 2 章。

9 图鲁斯・霍斯蒂利乌斯（Tullus Hostilius，公元前 673 年～前 641 年在位），罗马七王之第三位。

10 阿尔奇罗科斯（Archilochus，公元前 680 年～前 645 年）是希腊最早的抒情诗人，他的短诗在描写自然方面常有创新，但是没有一首完整的诗作流传下来。

（Miltiades）[1]指挥的雅典人所击败，此人在这场胜利后被雅典人民判处有罪，死于城邦监狱。（10）接着埃斯库罗斯（Aeschylus）成了雅典著名悲剧诗人[2]。（11）而在几乎同样的时间，罗马的平民通过一次分离行动，首次选举了自己的保民官和营造官[3]。不久之后，格奈乌斯·马尔基乌斯·科利奥拉努斯（Cn. Marcius Coriolanus）[4]受到平民保民官的欺辱与烦扰，背离了共和国，投奔此时是敌人的沃尔斯奇人（Vulsci），向罗马人民开战。

（12）几年之后，薛西斯（Xerxes）国王[5]在萨拉米斯（Salamis）[6]进行的海战中被地米斯托克利（Themistocles）[7]指挥的雅典人和大部分希腊人击败而退兵。[8]（13）差不多过了四年[9]，提图斯·麦奈尼乌斯·阿格里帕（T. Menenius Agrippa）[10]和马尔库斯·霍拉提

1　米太亚德（Miltiades，公元前550年～前489年），雅典将领。公元前490年，他在马拉松战役中率领雅典军队大胜波斯人。次年，率领雅典船队围困帕罗斯（Paros）岛时战败负伤，被判死罪，旋病死。

2　埃斯库罗斯参看本书第13卷第19章注。他第一次在雅典的戏剧比赛中获胜是在公元前484年。

3　公元前494年平民第一次撤离，在和贵族谈判时，选举平民保民官作为他们的代言人，营造官也同时产生。

4　格奈乌斯·马尔基乌斯·科利奥拉努斯（Cn.Marcius Coriolanus，公元前6世纪后期～前5世纪前期），罗马历史上的一位传奇人物。公元前493年他在围攻沃尔斯奇的科利奥利（Corioli）时表现勇猛。前491年，罗马发生饥荒，他提议平民只能在同意取缔平民保民官这一职位的前提下才可以获得粮食，于是平民保民官将他流放。科利奥拉努斯求得沃尔斯奇王的庇护，并率领沃尔斯奇军队攻打罗马，迫于他母亲和妻子的恳求才撤军。

5　参看本书第7卷第17章注。

6　参看本书第15卷第20章注。

7　地米斯托克利（Themistocles，希腊文名Θεμιστοκλῆς，公元前524年～前460年），雅典政治家、军事家，公元前493年～前492年任执政官，为民主派重要人物。力主扩建海军，并着手兴建比雷埃夫斯港及其连接雅典城的“长墙”，旨在抵御波斯军队。前480年萨拉米斯海战中大败波斯舰队。后被放逐，死于小亚细亚。

8　公元前480年。此处作者使用了瓦罗的年份。奈波斯的年份是公元前483年。

9　即三年后，公元前477年。

10　提图斯·麦奈尼乌斯·阿格里帕（T.Menenius Agrippa，？～公元前476年）是公元前477年的执政官，指挥和维伊人的战争。因为战争失利，未能阻止克莱麦拉河的灾难而受到平民保民官的控告，虽然只被处以罚金，但是不堪其辱，不久便病亡。

乌斯·普尔维尔鲁斯 （M. Horatius Pulvillus）[1] 任执政官时，在维伊（Veji）战争中，三百零六名贵族和他们的全部家仆在克莱麦拉河（Cremera）遭敌人包围而阵亡。[2]

（14）紧接着恩培多克勒·阿格利根提努斯（Empedocles Agrigentinus）[3] 在自然科学的研究中收获甚丰。（15）而此时，罗马组成了十人团（Decemvir）来编制法律，而且前十块铜板已经编好，另外两块也即将补上[4]。

（16）而后，大约在罗马建城后三百二十三年[5]，规模巨大的伯罗奔尼撒战争在希腊发生，修昔底德记录了这次战争。（17）此时，奥鲁斯·波斯图米乌斯·图贝尔图斯（Olus Postumius Tubertus）[6] 是罗马的独裁官，他用斧头砍死了自己的儿子，因为后者违背他自己的命令与敌人搏斗。罗马人民那时的敌人是菲德奈人（Fidenae）和埃奎人（Aequi）。[7]（18）在这段时期里名声卓著的人是悲剧

1　马尔库斯·霍拉提乌斯·普尔维尔鲁斯（M. Horatius Pulvillus，？～公元前 453 年），有些史家如李维写作盖乌斯（Gaius）而非马尔库斯。公元前 477 年任执政官，起先指挥和沃尔斯奇人的战争，后加入和维伊人的战争。

2　据传说，因为罗马和维伊长期不和，公元前 479 年法比乌斯家族提议，由他们承担为罗马作战的职责，元老院同意了。法比乌斯们在克莱麦拉河旁建了军营，于此处骚扰维伊人并阻止他们袭击罗马。前 477 年，他们中了人数占优势的维伊人的埋伏，全家族男性包括家仆约 4000 人全数被歼，只有因年幼未参战的昆图斯·法比乌斯·维布拉努斯（Quintus Fabius Vibulanus in number）幸存。

3　恩培多克勒·阿格利根提努斯（Empedocles Agrigentinus，约公元前 492 年～前 432 年），古希腊哲学家、诗人、科学家。出生于西西里岛的阿克拉伽斯（Acragas），开创“四种元素”论，认为世界由土、气、火和水构成。

4　公元前 451 年～前 450 年，罗马连续两年都没有执政官，由十人团负责起草新的司法与政治法规，同时承担执政官职责。前 451 年制定法律十表，第二年又补充二表，即《十二铜表法》。

5　公元前 431 年。

6　奥鲁斯·波斯图米乌斯·图贝尔图斯（Olus Postumius Tubertus），罗马将领，公元前 434 年任骑兵长官，前 431 年任独裁官，指挥了和埃奎人与沃尔斯奇人的战役，并且取得胜利。在此战役中，他的儿子急于投入战斗，离开了其父指定的岗位，于是波斯图米乌斯将其处死。

7　沃尔斯奇人是拉丁姆的一个重要部族，菲德奈是拉丁姆的一个古老城市，维伊是伊特鲁里亚的一个古老城市。三者都是这段时期里罗马的敌人。

诗人索福克勒斯（Sophocles）[1]以及后来的欧里庇得斯，还有医生希波克拉底、哲学家德谟克利特（Democritus）[2]。与他们相比雅典的苏格拉底确实出生晚些，[3]但是这些人生活在同一年代。（19）接着，当军事保民官于建城后第三百四十七年左右以执政官的权利统治罗马共和国时[4]，拉刻代蒙人将声名狼藉的三十僭主指定给了雅典人[5]。而在西西里，老狄奥尼西乌斯（Dionysius superior）[6]占据了专制地位。几年之后在雅典，苏格拉底被判处死刑，在狱中遭受毒杀[7]。（20）差不多就在这个时间，马尔库斯·弗瑞乌斯·卡米尔鲁斯任独裁官，他夺取了维伊（Veji）。（21）其后不久，与塞农人（Senones）[8]的战争开始了，（22）高卢人占领了除卡皮托利山（Capitolium）之外的罗马。[9]

（23）没过多久，星象学家欧多克索斯（Eudoxus）[10]在希腊

1 参看本书第6卷第5章注。索福克勒斯于公元前496年出生。

2 参看本书第4卷第13章注。德谟克利特出生于公元前460年。欧里庇得斯和希波克拉底分别出生于前484年、前460年。

3 苏格拉底出生于公元前470年。

4 公元前407年。军事保民官首次取代执政官是在前444年。从前404年到前367年，只有两年选出的是执政官。作者在此处记录了雅典、叙拉古（Syracuse）和罗马的政府形式变化。

5 伯罗奔尼撒战争以斯巴达方获胜结束，公元前404年4月，雅典与斯巴达签订和约，宣布投降。在斯巴达人的扶持下雅典建立了三十人僭主集团，结束了民主政体。

6 老狄奥尼西乌斯（Dionysius superior，公元前432年～前367年）是西西里叙拉古的希腊独裁者。原来是叙拉古军队的统帅，利用与迦太基人作战的紧张局势，于公元前405年在叙拉古重建僭主统治，当政近40年。在古代被视为暴君的范例。

7 公元前399年。

8 塞农人（Senones）是位于意大利北部的一个部族。

9 公元前390年高卢人在阿里亚河（Allia）边打垮了罗马军队。次日（也有说三年之后），高卢人攻占了罗马城，将其洗劫一空，然后包围了卡皮托利山。围困持续了七个月，高卢人在收到赎金之后撤军，在撤军时受到了弗瑞乌斯·卡米尔鲁斯率领的新军团的攻击。

10 欧多克索斯（Eudoxus，约公元前400年～前350年）是古希腊杰出的数学家、天文学家、地理学家、哲学家。其著作无一流传下来。曾对行星和天体的运动进行研究，并计算地球的周长。他首先引入“量”的概念，将“量”和“数”区别开来，并且建立了严谨的穷竭法。

土地上名声远扬。佛尔米奥（Phormio）[1]指挥的雅典人在科林斯战胜了拉刻代蒙人。（24）在罗马，曾在卡皮托利山被围时击退了爬上峭壁的高卢人的马尔库斯·曼利乌斯[2]，被证实制定了登上王位的计划，按瓦罗的说法，他被处以死刑，头朝下抛下塔尔佩乌斯崖（Tarpeius Saxum）。[3]而按科尔内利乌斯·奈波斯的记载，则是鞭打至死的。（25）在同一年，即罗马收复后的第七年，据记载哲学家亚里士多德出生了。[4]

（26）塞农战争几年之后，底比斯人（Thebani）在埃帕米农达斯（Epaminondas）[5]的指挥下于琉克特拉（Leuctra）附近战胜了拉刻代蒙人。（27）过后不久，在罗马城，根据李基尼乌斯·斯托罗法（Lex Licinii Stolonis）[6]，平民开始有机会当选执政官，而在此前，非贵族家庭出生的人无权成为执政官。

（28）接着，建城后大约四百年，阿敏塔斯（Amyntas）的儿子、亚历山大的父亲腓力得到了马其顿的王位，此时亚历山大诞生了。[7]

1 佛尔米奥（Phormio），雅典将领，海军指挥官，负责公元前439前后的战事。自公元前430年开始，率领舰队封锁了科林斯湾，并于次年夏两度获得海战胜利。

2 参看本书第17卷第2章注。

3 高卢人占领并且洗劫罗马造成了激烈的经济危机与债务增加，贫穷的平民再次沦为债务人，曼利乌斯出钱甚至出卖自己的财产来帮助这些穷人，并且于公元前385年领导了债务人运动。元老院控诉他谋求取得王权，判处他死刑，于公元前384年被抛下塔尔佩乌斯崖。

4 公元前384年。

5 埃帕米农达斯（Epaminondas，？～公元前362年），底比斯将领和政治家。公元前371年他率领底比斯军队在琉克特拉战胜了斯巴达军队，次年他率军入侵伯罗奔尼撒，解放了麦塞尼亚（Messenia）的黑劳士（helots）。随后几年他又几度进军伯罗奔尼撒，前362年他在一次战斗中因伤而亡，终结了底比斯的霸权。

6 亦即李基尼乌斯—塞克斯提乌斯法，或称李基尼乌斯法案，是由平民保民官卢基乌斯·塞克提乌斯·拉泰拉努斯（Lucius Sextius Lateranus）和盖乌斯·李基尼乌斯·斯托罗（Gaius Licinius Stolo）提议的一系列法律。前两项规定了利率的限额和私人拥有土地的最大数量，第三项法律规定两个执政官中必须有一名是平民。在两位提议者连任九年，并连续五年成功地阻止选举贵族行政官之后，前两项法律于公元前368年通过。前367年，在他们的第十次任期期间，第三项法律获得通过。同年还通过了第四项与照管《西卜林书》的祭司有关的法律。

7 腓力二世前359年夺得王位，亚历山大公元前356年出生。

（29）几年之后，哲学家柏拉图动身前往西西里的狄奥尼西乌斯处，后者是未来的独裁者。[1]（30）过了一段时间，腓力在凯罗奈阿（Chaeronea）[2]的大战中击败了雅典人。[3]（31）其时演说家德摩斯梯尼（Demosthenes）[4]逃离战场，求得了平安。当他因为临阵脱逃而遭受羞辱与指责时，用这句赫赫有名的诗来解嘲：

逃走的男人将会重返战场。

（32）后来，腓力死于谋杀，亚历山大取得了王位，[5]跨入了亚细亚和东方，前去征服波斯。（33）另一位绰号为摩罗索斯（Molossus）的亚历山大[6]进入了意大利，欲对罗马人民开战，因为罗马人民勇气与成功的名望开始在异族人中间熠熠闪光。但是他在进行第一场战斗前丢了性命。我们听说，此摩罗索斯在跨入意大利境内时，说他前去罗马犹如进入男人的房舍，而马其顿人前去波斯，则犹如进入妇女之闺房。（34）后来马其顿的亚历山大征服了东方的大部，在位十一年后去世。[7]（35）没过多久哲学家亚里士多德去世，[8]稍后德摩斯梯尼也去世了。[9]（36）几乎在同一时间，罗马人民遭遇了严酷而漫长的萨谟奈战争，执政官提比略·维图利乌斯（Tiberius Veturius）[10]与斯普利乌斯·波斯图米乌斯（Spurius

1　公元前 388 年。

2　凯罗奈阿（Chaeronea）是希腊彼奥提亚（Beoetia）的一个城市。

3　公元前 338 年。

4　参看本书第 3 卷第 13 章注。

5　公元前 336 年。

6　即伊庇鲁斯的亚历山大一世，他是亚历山大之母奥林匹亚斯的兄弟。

7　公元前 323 年。.

8　公元前 322 年。

9　公元前 322 年。

10　当为提图斯·维图利乌斯·卡尔维努斯（Titus Veturius Calvinus），罗马政治家，公元前 334 年和前 321 年任执政官，第二任期处于第二次萨谟奈战争期间。此时他和另一位执政官斯普利乌斯·波斯图米乌斯一道被萨谟奈人击败，被迫投降，罗马军队从轭门下走过。回到罗马后，波斯图米乌斯提议，因为执政官签署了耻辱的和约，应将他们交给萨谟奈人，后者拒绝了。

Postumius）[1]在考狄乌姆（Caudium）附近的地势险峻之处被萨谟奈人包围，在被迫从轭门[2]下走过，并且签下耻辱的条约之后脱身。因此理由，根据罗马人民的命令由随军祭祀团将他们交给萨谟奈人，后者拒绝接受。

（37）一年后，差不多是罗马建城后四百七十年，与国王皮洛士（Pyrrhus）王[3]的战争开始了。[4]（38）此时雅典的伊壁鸠鲁（Epicurus）[5]和季蒂昂（Citium）的芝诺声名卓著。（39）同一时间盖乌斯·法布里基乌斯·鲁斯基努斯（C. Fabricius Luscinus）和昆图斯·埃米利乌斯·帕普斯（Q. Aemilius Papus）[6]是罗马的监察官，将两次任执政官和独裁官的普布利乌斯·科尔内利乌斯·鲁菲努斯（P. Cornelius Rufinus）[7]逐出元老院，关于这一处罚，他们所记录的原因是发现他为一顿饭使用了10磅银器。

（40）罗马建城后约四百九十年，当著名的瞎子阿庇乌斯（Appius Caecus）[8]的兄弟、绰号为考戴克斯（Caudex）的阿庇乌斯·克劳狄乌斯（Appius Claudius）[9]和马尔库斯·弗尔维乌斯·弗

1　斯普利乌斯·波斯图米乌斯·阿尔比努斯（Spurius Postumius Albinus），罗马政治家，曾任公元前334年执政官，前332年监察官、前327年骑兵长官。前321年再任执政官，和另一位执政官提比略·维图利乌斯·卡尔维努斯一道和萨谟奈人作战，失利投降，蒙受轭门之耻。

2　轭门（jugum）是用矛搭成的架子，胜方强迫败方从其下走过，以示顺服。

3　参看本书第3卷第8章注。

4　公元前280年。

5　参看本书第2卷第6章注。

6　盖乌斯·法布里基乌斯·鲁斯基努斯（C. Fabricius Luscinus）和昆图斯·埃米利乌斯·帕普斯（Q. Aemilius Papus）都是罗马将领和政治家。两人于公元前282年和前278年同任执政官，前275年同任监察官。前280年，元老院向皮洛士派了三个使节去商谈赎回俘虏一事，他们两位都在其中。法布里基乌斯在古代以廉洁著称。参看本书第4卷第8章注。

7　参看本书第4卷第8章注。

8　即阿皮乌斯·克劳狄乌斯·凯库斯（Appius Claudius Caecus），参看本书第10卷第6章注。

9　阿庇乌斯·克劳狄乌斯·考戴克斯（Appius Claudius Caudex），公元前264年任执政官。此年他把罗马带入了和迦太基争夺西西里的冲突，这场冲突引发了第一次布匿战争。Caudex的本义为木柴。

拉库斯（Marcus Fulvius Flaccus）[1]任执政官时，第一次与布匿人的战争开始了。（41）不久之后，库勒尼（Cyrene）的诗人卡利马库斯（Callimachus）[2]在亚历山大城托勒密（Ptolomaeus）[3]国王的宫廷享有盛名。

（42）过了二十年多一点，瞎子阿庇乌斯的儿子盖乌斯·克劳狄乌斯·肯托（C. Claudius Centho）[4]和马尔库斯·塞姆普罗尼乌斯·图狄塔努斯（M. Sempronius Tuditanus）[5]任执政官时，与布匿人达成了和平；诗人卢基乌斯·李维乌斯（L. Livius）[6]作为第一人开始在罗马排演戏剧。[7]此时离索福克勒斯和欧里庇得斯去世一百六十多年，离米南德去世大约五十二年。（43）昆图斯·瓦勒里乌斯（Q. Valerius）和盖乌斯·马米利乌斯（C. Mamilius）[8]接任了克劳狄乌斯和图狄塔努斯的执政官职位。马尔库斯·瓦罗在其《论诗人（De Poetis）》第1卷中写道，昆图斯·恩尼乌斯是在此年出生的，[9]他在活到六十七岁时，撰写了二十卷的《编年纪》。恩尼乌斯本人在此书中也是这样说的。

1　马尔库斯·弗尔维乌斯·弗拉库斯（Marcus Fulvius Flaccus）公元前264年任执政官。在任上结束了对伊特鲁里亚城市沃尔斯尼伊（Volsnii）的围困，洗劫了这个城市并获得凯旋式荣誉。

2　卡利马库斯曾在亚历山大城当过教师，后在图书馆工作，编写了全部馆藏的目录（Pinakes）共120卷。参看本书第4卷第11章注。

3　即托勒密二世（Ptolemy II Philadelphus，公元前308年～前246年），在他统治期间，亚历山大港成为贸易和出口中心，并在艺术和科学方面起主要作用。他以慷慨赞助诗人和学者闻名。他兴建图书馆，资助科学研究。托勒密二世时代是希腊文化的顶点。

4　盖乌斯·克劳狄乌斯·肯托（Gaius Claudius Centho/ Cento）是阿皮乌斯·克劳狄乌斯·凯库斯的三子。公元前240年任执政官，前225年任监察官，前217年任摄政，前213年任独裁官。

5　马尔库斯·塞姆普罗尼乌斯·图狄塔努斯（Marcus Sempronius Tuditanus）是公元前240年执政官。

6　参看本书第3卷第16章注。

7　公元前240年，李维乌斯在罗马上演根据希腊戏剧翻译或者改编的剧本。

8　即昆图斯·瓦勒里乌斯·法尔托（Quintus Valerius Falto）和盖乌斯·马米利乌斯·图尔利努斯（Gaius Mamilius Turrinus），两位都是公元前239年的执政官。

9　公元前239年。

（44）罗马建城后五百一十九年，斯普里乌斯·卡维利乌斯·鲁加（Sp. Carvilius Ruga）根据朋友们的建议作为第一个罗马人与他的妻子离婚，因为后者不能生育，他还在监察官面前起誓说他是为了获得子女而娶妻的。[1]（45）同年，诗人格奈乌斯·奈维乌斯（Cn. Naevius）在民众面前上演戏剧，[2] 马尔库斯·瓦罗在他的《论诗人》第一卷里说奈维乌斯曾在第一次布匿战争中服兵役，而奈维乌斯本人在那篇有关同一场战争的诗歌中写到了这件事。而波尔基乌斯·李基努斯（Porcius Licinus）[3] 则在下述诗句中说罗马的诗歌是后来才开始的：

缪斯捷步如飞，跟随着第二次布匿大战，
她走近罗慕路斯的族人，他们勇猛而野蛮。

（46）接着，大约在十五年之后，布匿战争开始了。[4]（47）过后不久，马尔库斯·加图作为政治演说家，普劳图斯作为戏剧诗人，均光彩夺目。（48）在同一时间，斯多葛学派的第欧根尼（Diogenes Stoicus）[5]、柏拉图学派的卡尔内阿德斯（Carneades Academicus）[6] 和逍遥学派（Peripateticus）[7] 的克里托拉乌斯（Critolaus Peripateticus）[8] 因公共事务被雅典人遣为使者，来到罗马人民的元老院。（49）没过很久就有昆图斯·恩尼乌斯，紧

1 公元前 235 年。不过本书第 4 卷第 3 章提到此事时，根据的是不同的年代记，说的是前 231 年。关于发誓一事，参看本书第 4 卷第 3 章第 2 节注。

2 公元前 235 年上演了奈维乌斯的第一部剧本。关于奈维乌斯参看本书第 1 卷第 24 章注。

3 波尔基乌斯·李基努斯（Porcius Licinus）是一首论述文学史的教诲诗作者，生活于公元前 3 世纪后期。

4 公元前 218 年，第二次布匿战争开始。

5 参看本书第 1 卷第 2 章注。

6 参看本书第 6 卷第 14 章注。

7 参看本书第 1 卷第 3 章注。

8 参看本书第 6 卷第 14 章注。

接着是凯基利乌斯（Caecilius）[1]和泰伦提乌斯（Terentius）[2]，而后是帕库维乌斯（Pacuvius）[3]，当帕库维乌斯老了之后，是阿克基乌斯（Accius）[4]，而后是通过指摘这些前人的诗作而更加出名的卢齐利乌斯。

（50）但是我已经走得太远了，因为我为这个简短的笔记所划定的界限是第二次布匿战争。

欧里庇得斯坐像

欧里庇得斯（约公元前484年～前406年），希腊剧作家。与埃斯库罗斯和索福克勒斯同称为希腊三大悲剧作家。

1 参看本书第2卷第23章注。

2 泰伦提乌斯参看第4卷第9章注。这三位诗人分别死于公元前169年、前168年和前159年，早于使者到来的公元前155年。

3 参看本书第4卷第17章注。帕库维乌斯比泰伦提乌斯出生早但是去世晚（公元前130年）。

4 即卢基乌斯·阿克基乌斯（Lucius Accius），参看本书第2卷第6章注。

第*18*卷

耍心眼骗别人者，骗了他自己，

因为他说，他骗的人受了骗；

那是骗别人的感觉骗了他自己，

别人若不受骗，骗人者就受了骗。

第1章

一个斯多葛派哲学家和一个作为反方的逍遥派哲学家之间展开的辩论，法沃里努斯当仲裁者。他们探讨的问题是，德性在美好生活的实现方面起着多大的作用，而所谓的外部环境对此事又具有多大的重要性。

（1）法沃里努斯有两位在罗马小有名气的哲学家朋友。一个是逍遥派的门徒，一个是斯多葛派的门徒。（2）有一次我在场，他们两位为了捍卫自己的信条而针锋相对，吵得不可开交。彼时，我们正和法沃里努斯一起在奥斯蒂亚（Ostia）[1]，（3）在海边散步。时在春天，夜幕初降。

（4）这时，这位斯多葛哲学家主张，人能过上幸福生活，完全取决于灵魂的德性，而极大的痛苦，则仅是由恶劣的品性所致，即便所有被称为躯体的、外在的优点[2]于有德之人处皆无，于恶人处具足，也是如此。（5）与此相对，那位逍遥派哲学家虽然承认悲惨的生活确实仅仅是由灵魂的罪孽及恶劣的品质所致，但是他认

1 拉丁姆台伯河口的一座城市。

2 譬如美貌和财富之类。

为，仅德性一项，绝不能满足幸福生活的方方面面，因为似乎身体的完好与健康，堂堂正正的相貌，家庭的财富，良好的名声，以及所有其他身体和境遇方面的长处对于实现美好的生活似乎都是必不可少的。

（6）接着，斯多葛派哲学家反对道，对方提出了两个对立的命题，他质疑道，如果恶劣的品性和德性是相反的两者[1]，那么悲惨的生活和幸福的生活也同样是相反的两者。（7）对方没有为这两者保留互相对立的实质和本性，认为单是恶劣的品性就足以造成悲惨的生活，但却声称，仅有德性并不足以保障幸福的生活。（8）他说，最为互相抵触、互相矛盾的地方在于，对方一方面认为，只要缺了德性，就不可能产生幸福，另一方面却又否认，只要有了德性，生活就会幸福。于是，他在德性缺位的时候赐予它荣耀，却在德性在场并且需要荣耀时将其夺走。

（9）此时，逍遥派哲学家极其机智地回答道："求求你了！我请你开恩告诉我，你是否认为，当一安佛拉（amphora）[2]的酒被取走一孔吉乌斯（congius）[3]之后还是一安佛拉呢？"（10）对方说："少了一孔吉乌斯之后，我们当然不能称它为一安佛拉酒了。"（11）听到这个回答，逍遥派哲学家说："所以我们必须说，一孔吉乌斯酒产生了一安佛拉的酒。因为，缺了它，就不是一安佛拉酒，加上它，就成了一安佛拉酒。但是，如果说一孔吉乌斯酒产生一安佛拉酒是荒谬的，那么，因为缺了德性，生活是不可能幸福的，就说单单德性就产生了幸福的生活，同样也是荒谬的。"

（12）这时法沃里努斯看着这位逍遥派哲学家，说道："你所用的这个关于一孔吉乌斯酒的诡辩，书上的确已有述说。但是如你

1 关于相反者，可以参考亚里士多德《范畴篇》第10卷，特别是12a15以下对善恶之作为相反者的讨论。

2 Amphora原意是双耳瓶，此处是容量单位，约合25.79公升。

3 Congius，容量单位，是一Amphora的八分之一。

所知，它更应被视为一个巧妙的圈套，而非诚实或者合理的论证。（13）因为，少了一孔吉乌斯酒之后，的确会造成一安佛拉酒分量不足，而当它被添加进去时，单单靠它并未产生了一安佛拉酒，而是补足了。（14）而德性，如同对方[1]所说，既不是添加物，也不是补足物，仅仅它自身，便与幸福生活等同。因此，只要它在场，便成就了幸福生活。”

（15）他们还就这些以及其他一些大致上细小烦琐的问题，在仲裁者法沃里努斯面前进行了讨论，维护各自的观点。但是当夜晚的火把初现，夜色愈加浓郁之时，我们便陪着法沃里努斯回到住处，等他进屋之后，便四散走开了。

1 即斯多葛派哲学家。

第 2 章

在雅典过农神节时，我们通常会比赛回答哪一类问题；以及期间的一些有趣的诡辩和谜语。

（1）我们在雅典非常愉快而有节制地度过农神节（Saturnalia）[1]，并未像人们所说的那样“放松心灵”，因为穆索尼乌斯说：“放松心灵就像是失去心灵”，而是利用愉悦而得体的谈话之魅力稍稍抚慰与舒展一下心灵。（2）我们一群罗马人来到希腊，大家学习同样的课程，追随同一个老师，此刻共聚一席。（3）这时，这次轮到操办餐食的那一位，就会摆上古代拉丁语或者希腊语作家的书和用月桂编织的花冠，作为解答问题的奖赏，并且提出与在场人数相同数量的问题。所有问题提出之后，每人要谈的问题以及顺序由抽签决定。（4）若是问题得以解答，解答者就获得花冠和奖品，若是不能解答，问题传给抽签决定的下一位，按此相同的方式轮过一圈。（5）若是无人解答这一问题，就把这个问题的花冠献给这个节日所敬奉的神明。（6）而提出的问题类型如下：或是古代诗人晦涩的句子，雅致而不恼人；或是对略微久远历史的探究；或是对

1　参看本书第 2 卷第 24 章注。

某个被人错误传布的哲学原则的澄清；或是对某个诡辩陷阱的解答；或是对某个奇特而罕见的词汇的研究；又或是某个浅显动词的含糊不清的时态。

（7）说到这儿，我想起最近讨论了七个问题，其中第一个是对下述诗句的解说。诗句出自昆图斯·恩尼乌斯的《杂咏（Saturae）》，诗中同一个词多处出现，巧妙地让你不知所措：

Nám qui lepidé postulat álterum frustrári，
Quém frustratúr，frustra eum dícit frustra ésse；
Nám si se frústrari quém frustras séntit，
Quí frustratur frustrast，sí non ille frústra est.

要心眼骗别人者，骗了他自己，
因为他说，他骗的人受了骗；
那是骗别人的感觉骗了他自己，
别人若不受骗，骗人者就受了骗。

（8）第二个问题是：应该如何理解和把握柏拉图在他自己书中所构建的国家[1]中所主张的 κοινὰς τὰς γυναῖκας，即“妇女共有”，以及他将少年和少女的亲吻设为最勇敢的男人和最优秀的战士的奖赏。（9）第三个问题所问的是，如下诡辩（captio）中的谬误存在于哪些词当中，可以以何种方式进行分辨和解析：“你不曾失去的，你有之；你不曾失去犄角，所以你拥有犄角。”还有另一个诡辩：“我是这样的，你不是；我是人，所以你不是人。”（10）接着还提问下述诡辩如何解答：“我撒谎并且说自己撒了谎，我是在撒谎还是说实话？”（11）此后是这个问题，因何缘由贵族们通常在大母神节赛会（Megalensia）[2]轮流宴请，而平民却在凯莱斯节（Cerealia）[3]

1 参看柏拉图《理想国》457c，460，468。

2 参看本书第2卷第24章注。

3 凯莱斯节（Cerealia）是每年4月12日至19日敬奉谷物女神刻瑞斯（Ceres）的节日。

这样做 。(12)接下来的问题是：哪位古代诗人用过这个意为“他们说真话”的词“verant”？(13)第六个问题则是，赫西俄德在如下诗句里所说的 asphodelus 是哪种植物：

νήπιοι，οὐδὲ ἴσασιν ὅσῳ πλέον ἥμισυ παντὸς

οὐδ' ὅσον ἐν μαλάχῃ τε καὶ ἀσφοδέλῳ μέγ' ὄνειαρ.

这些傻瓜，不知道一半比整个大了几何，

也不知锦葵与阿福花（ἀσφόδελος）[1] 滋养几多。[2]

以及赫西俄德在说“一半比整个大了几何”时，他想表达什么。(14)最后一个问题是这样的：scripserim、legerim 和 venerim 是哪个时态的词语，是完成时还是未来时又或是两者都是。

(15)当这些问题按我前述的顺序提出，并由抽签决定的每个人讨论、解答之后，我们都得到了书籍和花冠，例外的只有关于“verant”一词的问题。(16)因为当时没人想起昆图斯·恩尼乌斯在《编年纪》的第十三卷中用过这个词语，诗句如下：

Satin vates verant aetate in agunda ?

预卜人生，先知所言皆真话?

于是这个问题的花冠献给了这个节日的神明——萨图尔努斯(Saturnus)[3]。

---

1 阿福花（希腊文 ἀσφόδελος、拉丁文 asphodelus），又名日光兰，是主要生于地中海的日光兰属或者阿福花属植物。为耐寒的多年生草本植物，叶窄、茎长、花穗美观，有白色、粉红色或黄色。希腊的穷人取食其根。

2 《工作和时日》第 40 行。

3 参看本书第 13 卷第 23 章注。

第 3 章

在控告提马尔库斯荒淫无耻的演说中，演说家埃斯基涅斯讲述了拉刻代蒙人对一位最为卑劣者所提出的最为可行的建议做了怎样的决定。

（1）在雅典公民大会享有盛誉的演说家中，埃斯基涅斯（Aeschines）[1]是最为尖锐而睿智的。在那篇言辞激烈、充满非难和敌意的演说中，他强烈而引人注目地指控了提马尔库斯（Timarchus）的寡廉鲜耻。他说，一位年高德劭的人士、城邦的领袖曾给拉刻代蒙人提过一个著名而宝贵的建议。

（2）他说："拉刻代蒙人民正在商议他们国家的重大事务，要决定怎样做才是有益而体面的。（3）这时，一位人为了阐述自己的观点，站了起来，此人因往昔生活堕落而声名狼藉，此时却因能言善辩而名声卓著。（4）他提出的建议以及他要求必须采取的措施，得到了大家的赞同和认可，他的意见即将形成人民的法令。

1 埃斯基涅斯（Aeschines，希腊文名 Αἰσχίνης，约公元前 390 年～前 322 年），雅典著名政治家、演说家，德摩斯梯尼的劲敌。公元前 346 年～前 345 年，德摩斯梯尼在提马尔库斯的帮助下，指控他接受腓力二世的贿赂，埃斯基涅斯以《反提马尔库斯》一文进行反击。埃斯基涅斯指控提马尔库斯犯有下述两宗不当行为：卖淫和糟蹋遗产。他胜诉了，提马尔库斯被剥夺了公民权。

（5）长老议事会[1]成员年事和地位皆高，拉刻代蒙人因此原因将他们尊为公共制度的仲裁者和导师。[2]此时，其中一位长老又惊又怒，站了起来，说：‘拉刻代蒙人啊，要是我们将有这种过往经历的人当成顾问，这座城市、这个国家，究竟有何理由、又有何希望可以长治久安、不可战胜？如果这个建议既有益又体面，我请求你们，别让它受到卑鄙发起人的连累，蒙上耻辱。’（6）说完之后，他挑出一位勇气与正直胜过众人，然而口拙舌笨、不擅雄辩的人，在所有人的同意和要求下，令此人尽其言语之所能，陈述那位善辩男子的同一建议，为的是在不提及前者的情况下，人民的决议及法令能以他这位二次提议者一人的名义得到通过。（7）这样，事情就如这位最为睿智的老人要求的那样进行了。（8）于是，好的建议留下了，不光彩的发起人被取代了。”[3]

1　此处原文为 principum ordo，意为首脑阶层。实际上是指斯巴达的长老议事会（γερουσία），二十八位成员是从年逾六十的贵族中选出的，终身任职。

2　参看西塞罗《论老年》第 20 节。

3　《反提马尔库斯（κατὰ Τιμάρχου）》第 180 ~ 181 节。

第 4 章

苏尔皮基乌斯·阿波利纳瑞斯提出一个问题，撒路斯特书中的 incertum，stolidior an vanior 是什么意思？他以此来取笑一个人，后者声称唯有他一人理解撒路斯特的《历史》。

（1）当我在罗马步入青年，换下了镶紫边的少年托迦[1]，并开始为自己寻找更为可靠的老师的时候，恰巧在鞋匠街（Sandaliarius）的书店处看见了苏尔皮基乌斯·阿波利纳瑞斯，我记忆中最为博学的人。众人聚集之处，他用苏格拉底对付诡辩家的那套非常幽默的掩饰法，讥笑挖苦一位吹嘘炫耀自己阅读撒路斯特著作的人。（2）因为此人说自己是独一无二的撒路斯特阅读者和讲解者，声称自己不仅能够考察作者句子的外表与肌肤，而且还能深究其言辞的血液和精髓。于是，阿波利纳瑞斯对他的学识表达喜爱和敬仰，说："大师啊，我衷心欢迎您带着撒路斯特言辞的血液与精髓到来，（3）因为昨天有人问我，撒路斯特在《历史（Historiae）》第四卷中关于格奈乌斯·伦图卢斯（Cn.

1　参看本书第 1 卷第 23 章注。古罗马人 16 岁左右从少年进入青年。

Lentulus）[1]的那些话究竟是什么意思，他说自己无法确定伦图卢斯究竟是愚蠢还是装糊涂（de quo incertum fuisse ait，stolidiorne esset an vanior）。”他还引了撒路斯特的原文：（4）“而他那个出身贵族，家名为克罗狄阿努斯（Clodianus）的同僚格奈乌斯·伦图卢斯，根本无法确定此人是愚蠢还是装糊涂，提出了应当索回苏拉[2]返还给财物买主的金钱的法案。”（5）因此阿波利纳瑞斯明确说明，这就是别人问他，而他自己不能解答的问题：vanior是何意，stolidior又是何意。因为撒路斯特似乎把这两个词分开，相互对照，仿佛它们相互对立、各不相同，不是指向同一种缺陷。因此他向那人请教这两个词的含义和来源。（6）这时那人龇牙咧嘴，对所问的问题以及提问者本人露出鄙夷的神情，说道：“我前面说过，我通常考察和阐释古老而生僻词汇的血液与精髓，并非这些平庸陈旧的词汇的血液与精髓。如果有人不知道vanitas和stoliditas指的是同样的愚蠢，那他显然是比格奈乌斯·伦图卢斯本人还要愚钝而蠢笨了。”（7）但是说完这句话，他就中途放弃讨论，抽身离开。（8）于是我们拉住他，按住不放，阿波利纳瑞斯居首，恳请他更为详尽直白地阐明这些词语的不同点，或者照他的看法，它们的相同点，不要拒绝满足他人的好学之心。（9）这时此人断定自己显然受到了戏弄，便借口有要事在身，转身离开。

（10）此后，我们从阿波利纳瑞斯处得知，vani的准确含义，不像民众所用的，指弱智、愚钝或者蠢笨的人，而是像古代最为博学之士所用的，指骗子、背信者，或者处心积虑地用花言巧语代替真心实话的人；而被称为stolidi的人，并不比可憎的、恼人的、粗俗的人更加愚蠢，更加糊涂。这些人，希腊人称之为μοχθηροί（无

1　格奈乌斯·科尔内利乌斯·伦图卢斯·克罗狄阿努斯（Gnaeus Cornelius Lentulus Clodianus），罗马政治家和将领，公元前72年任执政官，前70年任监察官。和庞培家族关系密切。在执政官任上率领罗马军团镇压斯巴达克斯（Spartacus）起义，因作战不利而交回指挥权。

2　即卢基乌斯·科尔内利乌斯·苏拉（Lucius Cornelius Sulla），参看本书第1卷第5章第3节注。

赖）和 φορτικοί（粗俗之人）。（11）他还说，这些词的词根和词源，尼基第乌斯的书中都有记载。[1]

我查寻而且找到了这些词以及一些具有原始含义的实例，记录下来，以便收入这部夜话笔记中，我想我已经把它们写进这些笔记的某处了。[2]

1 Vanus 和 Vacare（空着）及 vacuus（空的）有关，stolidus 和 stolo（笨蛋）有关。

2 当指本书第 8 卷第 14 章。

第5章

昆图斯·恩尼乌斯在《编年纪》第七卷中写的是 quadrupes eques，并不是许多人读成的 quadrupes equus。

（1）修辞家安东尼乌斯·尤利阿努斯（Antonius Iulianus）是一位地道的好人，口才出类拔萃。我们一众年轻人作为他的朋友在普特奥里(Puteoli)[1]沉浸在美妙迷人的文字和纯洁正派的快乐中，享受着夏日假期的游戏和娱乐。（2）在那儿时，有人告知尤利阿努斯，某位并非不学无术的朗读者用甚是美妙动听的声音在剧场为人们朗读恩尼乌斯的《编年纪》。（3）他说："让我们去听听这位不知是谁的恩尼乌斯通的朗读吧"。此人希望别人这样称呼他。

（4）这时我们已经在喧嚣的喝彩声中，找到了朗读的这位，他读的是恩尼乌斯《编年纪》第七卷，一开始，我们听到他错误地念了这几句诗：

Denique vi magna quadrupes equus atque elephanti
Proiciunt sese,
最后四足之马和大象迸发全力

1　普特奥里（Puteoli）是坎帕尼亚的一个海港城市，位于那不勒斯海湾的北岸。

奋勇向前

他没有再读更多的诗句，就在大家的赞扬和称颂之中离去了。

（5）而后，尤利阿努斯走出剧场，问道："你们觉得这个朗读者和四足之马怎么样？他肯定是这样读的：

Denique vi magna quadrupes equus atque elephanti

Proiciunt sese.

（6）你们有没有想到，如果他有个稍微像样的老师和带读者，他就会读作 quadrupes equus，而不是 quadrupes eques。[1] 因为没有一个热衷于古代文献的人会怀疑恩尼乌斯就是这么写的并且流传后世的。"（7）在场的一些人说他们都是跟各自的语法老师念作 quadrupes equus，急于知道 quadrupes eques 是什么意思。尤利阿努斯说："优秀的青年们，我多么希望你们能够像普布利乌斯·维吉尔那样准确地读懂恩尼乌斯。他仿照恩尼乌斯的这句诗，在自己的《农事诗（Georgica）》的下述诗句中，用 eques 代替了 equus：

Frena Pelethronii Lapithae gyrosque dedere

impositi dorso atque equitem docuere sub armis

insultare solo et gressus glomerare superbos.

传下技艺的是佩莱特罗尼亚[2] 的拉皮泰人[3]

教我们马背上牵着缰绳[4] 让马儿兜起圈圈

令披挂的骏马[5] 扬蹄大地，高傲地向前飞奔。[6]

除非有哪位蠢笨不堪而又振振有词，无人会把此处的 eques

1 Equus，马；eques，骑马者。

2 佩莱特罗尼亚（Pelethronia）是希腊色萨利（Thessalia）的一个地区。

3 拉皮泰人（Lapithae）是古希腊色萨利山区佩莱特罗尼亚的一个部族。

4 据说拉皮泰人是马缰的发明者。

5 原文为 equitem，尤利安努斯认为是指马，但是现代的编者都按这个词的通常含义理解为骑马者。

6 《农事诗》第 3 卷第 115 ~ 117 行。

理解为‘马’以外的其他含义。（8）因为古时大部分人把骑马的人和被骑的马都被称为 eques。（9）因此，源自名词 eques 的动词 equitare 可以指人骑马或者马载人。（10）甚至连卢齐利乌斯，一位极其谙熟拉丁语的人，在如下诗句里用了 equum equitare：

Quis hunc currere equum nos atque equitare videmus,

His equitat curritque； oculis equitare videmus；

Ergo oculis equitat.

我们瞧见这马儿同什么一起奔着跑着（equitare），

它同这个一起跑着奔着；我们看见它同眼睛一起跑着；

所以它是同眼睛一起跑着。”

（11）他接着说：“但是我对这些例子并不满意。为了清晰明了而非含糊两可地确定恩尼乌斯所写的到底是‘equus’还是‘eques’，我花费了大量精力和金钱租得一部几乎肯定经由兰帕狄奥（Lampadio）[1]亲手校订的极其古老珍贵的抄本，来查证这一行诗，发现上面写的是‘eques’，而不是‘equus’。”

（12）那一次，尤利阿努斯清晰而亲切地为我们讲解了这些问题以及其他许多问题。但是我后来在一本流传甚广的笔记中也发现了同样的内容。

1　即盖乌斯·奥克塔维乌斯·兰帕狄奥（Gaius Octavianus Lampadio）是前古典时期的一位罗马语法学家。编辑了奈维乌斯（Naevius）的《布匿战纪（Bellum Punicum）》，将其分为七卷。显然他也编辑了恩尼乌斯的著作。

第 6 章

埃利乌斯·麦利苏斯发表名为《论言语的恰当用法》一书时，称之为丰收女神之角（cornu corpiae）[1]。在书中，当他用一个纯属臆想的差异来断定 matrona 与 mater familias 不同时，所写的东西不值一说也不值一听。

（1）在我的记忆中，埃利乌斯·麦利苏斯（Aelius Melissus）[2] 在罗马同时代的语法家中显然拥有崇高地位；但是在做学问方面，他的吹嘘和诡辩多于勤勉。（2）除了其他许多著作之外，他还写了一本发表之时即被视为以学问著称的书。（3）书名甚为吸引读者，叫作《论言语的恰当用法（De Loquendi Proprietate）》。这样一来，除非已经充分掌握了麦利苏斯的恰当用法，谁居然会认为自己能说得正确而得当？

（4）书中有这样一些话："生育一胎的叫作 matrona（主妇），生育多胎的叫作 mater familias（家庭主母）[3]；就如同产仔一胎的

1 参看本书第 14 卷第 6 章注。

2 罗马语法学家。生平不详。

3 mater familias 是 pater familias（家长）的女性对等物。后者是掌权的一家之父，虽然他并非所有家庭成员的父亲。

猪叫作 porcetra，产仔多胎的叫作 scrofa。”（5）然而，这个有关 matrona 和 mater familias 的说法究竟是麦利苏斯自己异想天开推断出来的，还是从他人的著作中读到的，肯定需要求助占卜家了。（6）porcetra 一词显然取自于蓬波尼乌斯的一部以这个词为标题的阿特拉剧（atellania）。（7）但是 matrona 仅称呼生育一胎者，mater familias 仅称呼生育多胎者的说法，无法借助任何古代作家的例子予以证实。（8）实际上显然更加可能的是，就像称职的古语解说家所传授的那样，主妇专指与男子缔结婚姻并且留在婚姻内的女子，即使还没有孩子出生。如此称呼她起源于 mater（母亲）这个称号，这个称号她尚未获得，但是有即将获得的希望和迹象。Matrimonium（婚姻）一词本身也由此而来。（9）而家庭主母只用于称呼那些由其丈夫所拥有（in mariti manu）、所支配的，或者由拥有、支配其丈夫的人所拥有、所支配的妇女，因为她不仅步入了婚姻，而且进入了丈夫的家庭，成了他的继承人。[1]

1　罗马共和国早期，妇女成婚之后就处于夫权之下（in mariti manu），如果此时丈夫仍处于父权之下，则其妻也处于同一父权之下。关于父权，参看本书第 5 卷第 19 章注。

第 7 章

法沃里努斯如何对待一位不合时宜的人，他向此人询问了词的模糊含义；以及 contio 有几种含义。

（1）多米提乌斯（Domitius）是罗马城中一位学识渊博、赫赫有名的语法学家，因为他的性情倔强而乖戾，被人取了 Insanus（疯子）的绰号。我们的法沃里努斯在我陪同下，恰巧在卡尔门提斯神殿（fanum Carmentis）[1]遇见了这位多米提乌斯。法沃里努斯说：“老师，请求你告诉我，当我想用拉丁语说 δημηγορίαι[2] 时，我用了 contiones，是不是有错？（2）我疑惑不解，想弄明白古代是否有哪位说话斟字酌句的人会把话语（verba）和演讲（oratio）说成 contio[3]。”（3）于是多米提乌斯带着恶狠狠的表情，用恶狠狠的声音说道：“完全没有好转的指望了，连你们作为最杰出的哲学家，都只会关心词汇或者是词汇的权威出处。但是，我会给你寄一

1　位于卡皮托利山南端山脚下，靠近卡尔门提斯城门（porta Carmentalis）。关于卡尔门提斯参看本书第 16 卷第 16 章注。

2　意为在公民大会上发表的演说。

3　Contio 源于 coventio（=conventio），分别有集会、在集会上发表的演讲以及集会的场所等含义。

卷书，在上面你可以找到你寻求的答案。我作为一个语法学家，现在追求的是生活和品德的法则，而你们哲学家纯粹是马尔库斯·加图所说的 mortualia（挽歌）[1]。因为你们所收集的古奥语词，可憎、荒谬与无聊的事物就好像受雇哭灵的妇女的挽歌一样。”他接着说：“唯愿我们所有人都是哑巴！恶事也就少了一样工具。”

（4）我们离开后，法沃里努斯说：“我们求教于此人的时机不对。因为在我看来，他显然性情狂躁，要知道，这种叫作抑郁症（μελαγχολία）的狂躁并不发生于卑微无名的头脑上，而是一种大致与英雄有关的情绪，患者大多会勇敢说出真相，但是不会顾及时机和轻重。举例说，你们怎么看待他刚才说的有关哲学家的话？如果是安提斯泰尼（Antisthenes）[2]或第欧根尼（Diogenes）[3]说了这些话，是否就被视为不值一记？”

（5）不过没过多久，多米提乌斯就把他答应的书寄给了法沃里努斯，我觉得这是维里乌斯·弗拉库斯的著作。书中写到了这类问题：senatus（元老院）可以指地点和人，civitas（城邦）可以指地点、城市甚至所有人的权利和一大群人，tribus（部落）和 decuriae（十人队）也可以指地点、权利和人；然而 contio 有三种意思：（6）发表讲话的地点和讲坛，（7）如同马尔库斯·图利乌斯[4]在名为《驳昆图斯·梅特卢斯的演说（Contra Contionem Q. Metelli）》的演说中说：“我登上讲坛（contio），民众云集”；（8）还表示民众出席的集会，就如同一位马尔库斯·图利乌斯在《演说家（Orator）》中说的：“当语调抑扬顿挫时，我经常看到全场（contio）欢呼。因为耳朵期待词语缀连成句”[5]；同时这个词还表

1 古罗马有雇佣妇女在葬礼上为死者唱可笑的赞歌的习俗。

2 参看本书第 9 卷第 5 章注。

3 参看本书第 2 卷第 18 章注。

4 即西塞罗。

5 《演说家》第 168 节。

示向民众发表的演说本身。

那卷书中没有附上例子。但是后来我按法沃里努斯的要求，在西塞罗的书中，以及在古代最为优雅的作品中，找到并且向他展示了如上所述的所有这些含义的例子。至于他迫切要求的 contio 用作话语和演讲的例子，我指出了马尔库斯·西塞罗写的《驳昆图斯·梅特卢斯的演说（contio）》一书的标题，此处的 contio 肯定只能表示梅特卢斯所发表的演说本身，而非其他。

第8章

被视为语言修饰手段的 ὁμοιοτέλευτα、ὁμοιόπτωτα 及其他同类方法都是愚蠢而幼稚的，卢齐利乌斯的诗中也有所表述。

（1）卢齐利乌斯在《讽刺诗（Saturae）》的第五卷里非常巧妙地指出，一些希望自己看上去像伊索克拉底（Isocrates）[1]门徒的不解品味者，在缀字属篇时过度而令人生厌地采用了 ὁμοιοτέλευτα（同词尾）、ἰσοκατάληκτα（同音）、πάρισα（对称）、ὁμοιόπτωτα（同格）及其他诸如此类的修饰，这些修饰是多么的愚蠢、无用和幼稚。（2）他抱怨有一个朋友没有在他生病时前来探望，诙谐地加上了这些词：

尽管你不打听我也要和你说我怎样，
因为我呆的这个地方多半活人都
不见影儿……[2]
你不愿（nolueris）来看我这个你巴望死掉的人，
虽然你应该（debueris）来。这“不愿”和“应该”

1　参看本书第10卷第18章第6节注。

2　此处有阙漏。

要是你不喜欢，说不风雅就像伊索克拉底[1]
一般傻里傻气还幼稚得就像孩童一般
我不会浪费力气[2]，如果你就是这个模样。[3]

神圣家庭与牧羊人
〔意大利〕提香·韦切利奥（1490年～1576年）

1　西塞罗在《演说家》第38节中提到了伊索克拉底的同词尾修饰。

2　不会费心去改诗。

3　《讽刺诗》第5卷第186～193行。

第 9 章

马尔库斯·加图书中的 insecenda 一词为何意；以及多数人认可的 insequenda 更应当读作 insecenda。

（1）在一本古书中有一篇马尔库斯·加图的文章《论托勒密[1]控色穆斯[2]（De Ptolomaeo contra Thermum）》，其中有这样一段话："如果他耍花招做了一切，出于贪婪和金钱的原因做了一切，犯下那种我们既未听人说过也未听人读过的恶行，他应当为自己的作为接受惩罚……"[3]

（2）大家开始讨论 insecenda 的含义是什么。在场人中，有

1 即托勒密八世（Ptolemy VIII Euergetes II Tryphon，公元前 184 年～前 116 年），绰号菲斯孔（Physcon），埃及托勒密王朝国王。他的一生以和兄长托勒密六世（Ptolemy VI Philometor）以及姐姐克娄巴特拉二世（Cleopatra II）之间残酷的政治与军事冲突为特色。公元前 156 年或者前 155 年，托勒密八世来到罗马，元老院支持菲斯孔去和托勒密六世争夺塞浦路斯，加图反对，他是托勒密六世的盟友。

2 即昆图斯·米努基乌斯·色穆斯（Quintus Minucius Thermus），参看本书第 13 卷第 25 章注。加图曾两次向元老院发表针对他的演说。他和托勒密八世不是同一时期的人，所以加图的这篇文章似乎同时谈了两件事。

3 此处有阙漏，阙漏处当有 insecenda 一词。

一位讲授文法[1]，另一位博学精识，前者乐为人师，后者欣于受教。（3）这两位意见不一。老师争辩说这词应该写作 insequenda，他说："实际上应该写成 insequenda，而不是 insecenda，因为 insequens 意为……[2]inseque 一词流传下来的意思是'继续说'，因此恩尼乌斯在如下诗句中如此使用 insequere：

请接着说（Inseque），缪斯，告诉我每个罗马将领

大战腓力王各自都立下了什么武功赫赫？[3]"

（4）然而更具学识的另一位坚持说此处没有错误，写得正确而恰当，而且应该相信维利乌斯·隆古斯（Velius Longus）[4]，一位绝非不学无术之士。他在名为《论古词用法（De Usu Antiquae Lectionis）》的著作中写道，恩尼乌斯诗中的这个词不应读作 inseque，而应该读作 insece。因此我们说的 narrationes（叙述），古人称为 insectiones。瓦罗也解释过出自普劳图斯的《墨奈赫穆斯兄弟（Menaechmi）》中的一句诗：

在我看来这也没比梦境更值得述说（sectius）。[5]

他这样解释："这些事在我看来不比梦境更值一谈。"他们争论的就是这些。

（5）我认为马尔库斯·加图写的 insecenda 和昆图斯·恩尼乌斯写的 insece 都不带字母 u。因为我在帕特莱（Patrae）[6]的图书馆见到李维乌斯·安德罗尼库斯（Livius Andronicus）[7]的一本实在古老、名为《奥德赛（'οδύσσεια）》的书，其中第一句就有

1 原文为 litterator，意为语法教师。苏埃托尼乌斯在《名人传略·语法学家》第4章中提到，litteratus 和 litterator 相对，前者指一门学科的专家，后者指一般的文字工作者。

2 此处有阙漏。

3 《编年纪》第 10 卷第 322 ~ 323 行。

4 公元 2 世纪前半期的一位罗马语法学家，维吉尔的注释者。

5 《墨奈赫穆斯兄弟（Menaechmi）》（或译《孪生兄弟》）第五场第 1047 行。

6 帕特莱是亚该亚（Achaia）的一座城市，靠近科林斯海湾的入口处。帕特莱的图书馆很有名，

7 即卢基乌斯·李维乌斯·安德罗尼库斯，参看本书第 3 卷第 16 章注。

这个不带字母 u 的单词：

请为我述说啊（insece），卡墨那（Camena）[1]，那位机敏的英雄。

这句诗译自荷马的这一行：

请为我叙说，缪斯啊，那位机敏的英雄[2]。

（6）关于这个问题我相信一本古老而极其可信的书。因为普劳图斯诗中的 sectius quam somnia 一语未含有支持另一种说法的证据。（7）然而，即便古人说的不是 inseque，而是 insece，我认为也是后者更加轻巧、柔和，尽管两者看起来意思相同。（8）因为 sequo 和 sequor，以及 secta 和 sectio 的用法都有所不同，但是只要你深入探究，就知道各自的词源和词义都是一样的。

（9）希腊语教师和诠释者们认为，在

ἄνδρα μοι ἔννεπε，μοῦσα

和

ἔσπετε νῦν μοι，μοῦσαι[3]

（缪斯啊，请现在告诉我）

中，**ἔννεπε** 和 **ἔσπετε** 表达的就是拉丁语 inseque 的意思，因为他们说前者的双“ν”和后者的“σ”被引入了拉丁语。（10）他们还告知，意为“词”和“诗句”的 **ἔπη** 只可能源于 **ἕπεσθαι**（跟随）和 **εἰπεῖν**（说）。（11）因此，出于同一理由，我们的先人把叙述和谈话都叫作 insectiones。

1　参看本书第 1 卷第 24 章注。

2　《奥德赛》第 1 卷第 1 行。中译文据王焕生译本。

3　《伊利亚特》第 2 卷第 484 行。

第 10 章

某些人认为在检查是否发烧时触摸的是静脉的搏动，而不是动脉的，这种想法是错误的。

（1）炎夏时节，我避暑于前执政官赫罗狄斯（Herodes）[1]位于阿提卡地区，名字叫作克菲西亚（Cephisia）的乡间别墅里，水清林郁。（2）在那里，我因为腹泻和发高烧而卧床不起。（3）当哲学家卡尔维努斯·陶洛斯和他的一些学生从雅典过来看我的时候，一位从当地找来的医生正坐在我旁边，开始告诉陶洛斯我遭受了怎样的痛楚，高烧是以怎样的节奏和间隔发作和消退的。（4）在谈话中，当他说到我的身体处于恢复中时，他对陶洛斯说："ἐὰν ἅψῃ αὐτοῦ τῆς φλεβός（如果你摸他的静脉），您就会知道了。用我们的话当然就是：'si attigeris venam illius（如果你摸他的静脉）'。"

（5）随陶洛斯一起的有学之士们听到这番把动脉说成静脉的外行话后，窃窃私语，神情古怪，好像遇到了一个庸医。此时陶洛

1　参看本书第 1 卷第 2 章注。无论是在雅典还是罗马，富有的赫罗狄斯都喜欢周边有一群饱学之士。

斯如往常一样，十分温和地说道："好伙计，我们确信你不会不知道什么是静脉，什么是动脉。静脉自身没有动力，是静止的，只在放血时才检查；而动脉可以通过其流动和脉搏显示发烧的状态和程度。（6）但是我觉得，你这样说是为了表达通俗而不是出于无知；因为除了你，我也听过其他人犯了同样的错误，把动脉（aerteria）说成了静脉（vena）。（7）所以，让我们验证一下你的医术比语言更加精湛，在神的庇佑下，尽你的努力尽快地为我们恢复这位病人的健康和体力吧。"

（8）后来我回想起这次对医生的批评。我认为不单是医生，其他所有的自由人和自由接受教育的人，不了解自己身体的相关知识都是可耻的。这些知识并不高深、难懂；而知识的内容，出于保障我们的健康的目的，也有意呈现得明确而清晰。因此，我闲暇之时，还浏览了那些我认为适合教我知识的医学书籍，我觉得从中除了学到许多与人生经验有关的知识之外，还有关于静脉和动脉的知识。大致如下：（9）静脉是盛放血液和生命气息（spiritu naturali）混合物的容器，医生称之为 ἀγγεῖον，里面的血液多于气息；动脉是盛放生命气息和血液混合物的容器，里面的气息多于血液；（10）而 σφυγμός（脉搏）指的是心脏和动脉的自然而不由自主的紧张和松弛。（11）不过，古代医生用希腊语这样定义：脉搏是动脉和心脏不自主的扩张和收缩。

第 11 章

凯色尔里乌斯·温德克斯无知地批评了弗瑞乌斯·安提阿斯的诗歌中的一些词语；以及包含这些词语的诗句。

（1）我完全不同意语法家凯色尔里乌斯·温德克斯（Caesellius Vindex）[1]的看法，尽管在我看来，他绝非不学无术之人。（2）但是他鲁莽无知地写道，古代诗人弗瑞乌斯（Furius）[2]通过生造一个词玷污了拉丁语。而在我看来，这种词与诗歌的创新并不相悖，而且发音和读法本身并不粗俗可厌，并不像一些著名诗人生造的其他一些粗劣而令人生厌的词。

（3）弗瑞乌斯的下述词语受到了凯色尔里乌斯的指责：他称泥土变成淤泥为 lutescere，称黑暗像夜晚一般降临为 noctescere，恢复原来的体力为 virescere，风儿扰动沧海使其熠熠闪光叫作 purpurat，变得富有叫作 opulescere。

（4）我将含有这些词语的弗瑞乌斯的诗句抄录如下：

---

1 参看本书第 2 卷第 16 章注。

2 奥卢斯·弗瑞乌斯·安提阿斯（Aulus Furius Antias）是一个来自安提乌姆的罗马诗人，活动于公元前 1 世纪前后。

Sanguine diluitur tellus，cava terra lutescit.
鲜血浸透了大地，塌陷的泥土化成了浆。

Omnia noctescunt tenebris caliginis atrae.
天地一片幽暗，漆黑的夜幕降临。

Increscunt animi，virescit volnere virtus.
勇气日益增加，力量随着伤口复原。

Sicut fulica levis volitat super aequora classis，
Spiritus Eurorum viridis cum purpurat undas.
舰队宛如轻巧的水禽滑过海面，
东风吹拂将碧绿的波涛染成紫色。

Quo magis in patriis possint opulescere campis.
为了能在父辈的田野里过上富裕的日子。

第 12 章

我们的先人习惯把动词的被动态转换成主动态。

（1）写作散文时，用主动态动词代替被动形式的动词，而后依次相互交换含义，这也被视为一种优雅。（2）优文提乌斯（Juventius）[1]在他的喜剧中写道：

pallium （inquit） flocci non facio ut splendeat an maculet.

斗篷闪亮还是弄脏我压根儿不在乎。

比起使用 maculetur（被弄脏），是否优雅美妙许多？（3）普劳图斯也同样说过：

Quid est？—Hoc rugat pallium，amictus non sum Commode.

怎么？——斗篷皱了（rugat），我穿起来不雅观。

（4）与此相同，普劳图斯用了 pulveret，来表示不是使其布满灰尘，而是其本身充满灰尘：

Exi tu，Dave，age，sparge；mundum hoc ésse Vestibulium volo.

Venus ventura est nostra，non hoc pulveret.

1　优文提乌斯是和普劳图斯及泰伦提乌斯同时代的戏剧作家。

达乌斯[1]，你快出去洒水，我要整洁的前院。

我的维纳斯就要到来，别让那儿满是灰尘。

（5）在《赶驴（Asinaria）》中他也用 contemples 来取代 contempleris：

Meum caput contemples，si quidem e re consultas tua.

仔细看看我的脑袋，要是你关心自己的利益。[2]

（6）格奈乌斯·革利乌斯（Cn. Gellius）[3]在《编年史（Annales）》中写道："风暴停息（sedavit）后，安泰尔巴尔（Atherbal）[4]祭献了一头公牛。"（7）马尔库斯·加图在《史源》中写道："许多外乡人从乡村不断来到这同一个地方，他们的财富因此而增加（auxit）。"（8）瓦罗在献给马尔凯鲁斯（Marcellus）[5]的《论拉丁语（De Lingua Latina）》中写道："在先前的词中，原来是重音的声调保留了（manent），其他的改变了（mutant）"。比起 mutantur（被改变），此处的 mutant 说得非常优雅。[6]（9）同一位瓦罗在其《神事记（Divinarum）》[7]第七卷中似乎也可能用了类似的说法："两位王女之间的区别（mutet），可以从安提戈涅（Antigone）[8]和图利娅（Tullia）[9]那里看到。"（10）然而，用被动来代替动的词，几乎在所有古代著作中都可以找到。其中少

1　达乌斯（Davus）是喜剧中典型的奴隶名字。

2　《赶驴》第 538 行。

3　参看本书第 8 卷第 14 章注。

4　安泰尔巴尔是第一次和第二次布匿战争中的两位迦太基指挥官的名字，具体指哪位不明。

5　瓦罗的《论拉丁语》是献给西塞罗的，献给马尔凯鲁斯的是《论拉丁语措辞（De Sermone Latino）》。

6　优雅是因为 mutant 和 manent 发音协调。

7　参看本书第 1 卷第 16 章注。

8　安提戈涅是俄迪浦斯（Oedipus）的女儿，索福克勒斯同名悲剧的女主角，因违反国王的禁令安葬自己的兄长而被国王处死。

9　图利娅是塞尔维乌斯·图利乌斯的女儿，她父亲死后，她驱车碾过他的尸体。

量我此刻能回忆起来：muneror te （我赠予你）取代 munero，significor（我标记）取代 significo，sacrificor（我献祭）取代 sacrifico ，adsentior（我同意）取代 adsentio，faeneror（我贷款给人）取代 faenero，pigneror（我保证）取代 pignero。其他许多同类的词，在以后阅读中如有遇见，我会记下来。

维纳斯的诞生

〔意大利〕桑德罗波提切利（1445年～1510年）

第13章

受到一个无耻的诡辩辩证法家攻击后，哲学家第欧根尼做了怎样的反击。

（1）在雅典过农神节时，我们常玩这样一种有趣而高雅的“骰子”游戏：（2）当我们这一群志趣相同的人在浴池相遇时，我们构想出一些被称为诡辩（sophisma）[1]的圈套，我们每个人要轮流把这些圈套像掷骰子一样抛到我们当中。（3）解开圈套的奖励或者不能理解问题的惩罚，则是一枚塞斯特尔提乌斯。（4）这些像是赌博赢得的钱，用来为我们所有游戏参与游戏者准备一顿小餐。（5）这些圈套，尽管用拉丁文表达起来不够完美，甚至近乎粗俗，大致是这样的：“此是雪，它便不是冰雹；而雪是白的，因此冰雹不是白的。”另一个与之类似的是：“此是人，他便不是马；人是动物，因此马不是动物。”（6）那个按赌局方式挑中来分析、反驳这一诡辩的人应该说出，圈套存在于命题的哪一部分、哪个词上；哪一点是不能允许，不可接受的。若是他答不上来，就要被罚一枚钱。此罚金将用来支付餐费。

1　希腊语 Σόφισμα，即“狡猾的欺骗”。

（7）我必须告诉你们，第欧根尼是如何机智地反击我上面所述的那种诡辩的。这个诡辩是一位柏拉图学园（Platonis diatriba）的辩证法家以侮辱的方式提出来的。（8）辩证法家问："我所是的，你不是，对吗？"第欧根尼承认了这一点，辩证法家接着补充道："而且我是人。"当这一点也获认可之后，辩证法家便得出这样的结论："所以你不是人。"第欧根尼答道："这结论不是真的，不过你若想让它变成真的，那就从我开始推论！"[1]

城池

〔意大利〕皮耶罗·德拉·弗朗西斯卡（1420年～1492年）

1　参看本卷第2章第9节。

第 14 章

数字“hemiolos”为何意，数字“epitritos”为何意；以及我们国人不敢轻易把这些词语译成拉丁语。

（1）某些希腊人用固定的词来称呼的数字在拉丁语中没有对应的词。（2）那些用拉丁语来书写数字的人们会直接使用这些希腊词语，而不愿造出拉丁词，因为那样做会显得蹩脚。（3）你说能给数字 hemiolios[1] 和 epitritos 起什么名呢？（4）况且 hemiolios 指的是某个数字与它的一半之和，即三之于二，十五之于十，三十之于二十；（5）epitritos 是某个数字与它的三分之一之和，即四之于三，十二之于九，四十之于三十。（6）看起来理解和记住这些数词并非没有益处，因为只有领悟那些数词，才能理解哲学家著作中的一些非常精妙的推论。

1　事实上，Hemiolios（ἡμιόλιος）对应拉丁语词 sesquialter，epitritos（sἐπίτριτος）对应拉丁语词 sesquitertius。

第 15 章

马尔库斯·瓦罗在英雄诗中观察到一件极需精明细致的观察力的事实。

（1）在被称为扬抑抑格六音步诗（hexameter）的长诗句中，同样在抑扬格六音步诗（senarius）[1]中，诗律学者（metrici）发现起始两音步以及最后两音步都各自包含诗句的一个完整成分，中间两个音步从来不能如此，而只是包含分离的或者混合的或者混杂的词。[2]（2）马尔库斯·瓦罗在其《论教育（Disciplinae）》中写道，他观察到在扬抑抑格六音步诗中，第五个半音步（semipes）总是一个词的结尾，[3]以及在创作一行诗时，前五个半音步和后面七个半音步具有同样重大的作用，他分析说，出现这种情况和某种几何原理有关。

1　六音步诗（senarius）包括六个抑扬步或者三个二音步。早期的罗马戏剧诗人允许最后一步之外的每一步可以替换（如三短音节音步、不合格律音节扬扬格、不合格律音节抑抑扬格、循环扬抑抑格，以及四短音步），其他方面和希腊诗律更加接近。

2　即前两个音步和后两个音步可以由完整的词组成，但是第三、四两个音步要么由分开的词组成，要么由几个不同词的成分组成。

3　即第五步中有一个停顿。

第19卷

不知道如何将闲暇派上用场的人
事情比忙于工作的时候还要繁多。
他觉得闲暇也得安排做些什么，
然后投身其中，心中充满快乐。
无事的日子里心灵不知道要些什么。
都是这样，我们不在家中也不在战场，
我们到这儿再到那儿，到了又想离开那儿，
心思飘忽不定，日子就大约这样过。

第 1 章

有人问某个哲学家，当他在海上遭遇暴风雨时，为何脸色惨白，哲学家的答复。[1]

（1）我们乘船从卡西奥帕（Cassiopa）[2] 渡过狂暴、宽阔而波涛汹涌的爱奥尼亚海到布伦迪西乌姆（Brundisium）[3] 去。（2）第一天的那个夜晚，几乎整夜都刮着猛烈的侧风，将海水灌满了船。（3）而后，当我们大家还在一边哭号，一边在积水中拼命干活的时候，天破晓了。但是危险并没有减少，暴风也没有减弱，相反，愈加密集的旋风、黑沉沉的天空、一团团的雾气以及形状怪异、令人害怕的云，人们称之为堤丰（Typhon）[4] 的，似乎就高悬在我们上方，威胁着我们，准备吞噬我们的船。

（4）同一艘船上，有一个有名的斯多葛派哲学家，在雅典

1　此卷的篇头有些抄本没有。

2　卡西奥帕（Cassiopa）是亚得里亚海海口克基拉岛（Corcyra）东北部的一个小镇。

3　参看本书第 6 卷第 7 章注。

4　根据赫西俄德，提丰（Typhon 或者 Τυφῶν）是一条可怕的巨蟒，是盖亚（Γαῖα）和塔尔塔罗斯（Τάρταρος）的儿子，诸风神的父亲。但是后来的诗人将它等同为 Typhos 或者 Typhoeus，参看本书第 17 卷第 10 章注。强烈的风暴“台风（Typhoon）”一名由此得之。

时，我便知道此人名望颇高，并且对自己年轻的学生管束甚严。（5）在如此危急时刻，在这天与海的喧嚣中，我向他望过去，想知道他的心境是怎样的，他是否无所畏惧、镇定自若。（6）而后我看到这人非常恐惧，面色惨白，虽然没有像别人那样痛哭流涕，也没有发出任何这类声音，但是他的脸色和慌乱的表情与他人相差无几。（7）而当天空开始晴朗，海面回归平静，危难之火熄灭后，一个来自亚细亚的富有希腊人朝着这个斯多葛哲学家走来，在我看来，此人衣着考究，带着很多行李和随从，其自身的体态和气质无不散发出奢华的气息。（8）这人以一种近乎揶揄的口吻问道："啊，哲学家，当我们处于险境时，你害怕得面色惨白，而我则无所畏惧，面不改色，这意味着什么？"（9）哲学家略为迟疑，考虑予以回答是否合适，然后说："若是我在如此强烈的暴风中流露出些许的恐惧，其中的缘由你不配知道。（10）不过，阿里斯提普斯（Aristippus）[1]，苏格拉底的学生，倒可以替我回答你的问题。有个和你相像的人在类似的情况下问过他，为什么作为一个哲学家他会害怕，而问者自己却反而无所畏惧。阿里斯提普斯答道：他们的情况不一样，因为对方无须为一个一无是处的无赖的性命太过操心，而他自己却要为阿里斯提普斯的性命担忧。"[2]

（11）斯多葛哲学家用这番话打发了那个亚细亚的有钱人。（12）可是后来，当我们到达布伦迪西乌姆，风平浪静之时，我问他，他不愿告诉那个出言不逊者的恐惧的理由究竟是什么。（13）他平静而友好地回答："因为你想听，那你就去听听我们的先人，斯多葛学派的创立者们是如何看待这一短暂但又必然而自然的'害怕'，或者用更好的办法，去读一下。因为读过之后，你更容易信服，也记得更牢。"（14）随即，他在我面前从自己的小包中找出了哲学家爱比克泰德《谈话录（διάλεξις）》的第五

1 参看本书第15卷第13章注。

2 参看拉尔修《名哲言行录》第2卷第71节。

卷，此书由阿里安（Arrianus）[1]所搜集整理，与芝诺和克律西波斯（Chrysippus）[2]的著作无疑是相互契合的。

（15）在那一卷中我读到了这样的观点，自然是用希腊语写的："当客体的形象刚一出现时，心灵的意象，哲学家们称之为 **φαντασία** 者，就将人们的心灵推向此客体的感知，既非出于自主，亦非由意志所控，而是通过它们自己的某种力量将认知强加于人。（16）然而，人们称之为 **συγκαταθέσεις** 的'许可'，即视像凭此得以认知者，却是自愿的，产生于人的判断。（17）因此当某种或从天而降，或是房屋倒塌的可怕声音响起时，或者当某个吉凶不祥的消息突然传来时，或者诸如此类的事情出现时，即使是智者的心灵也必然会受到震动、畏缩不前、面色惨白，并非由于预见任何危害的产生，而是由于某种快速而仓促的冲击，而此冲击比心智和理性的运行领先一步。（18）但智者旋即否认这样一种意象，亦即他们心灵中的这些可怖意象，也就是说 **οὐ συγκατατίθεται οὐδὲ προσεπιδοξάζει**（既不认同也不确认），而是予以摈除弃绝，并且在他看来，这些意象中没有什么东西须当害怕。（19）他们还说，这方面愚者和智者的心灵存在差别：愚者认为，这些意象确实可怕而危险，就如同它们一开始冲入他的心灵时那样，并且，仿佛害怕它们是理所当然的，他通过自己的赞同，对这些最初的意象予以认可和确认（**προσεπιδοξάζει**），后者是斯多葛哲学家在讨论这个问题时所用的词。（20）而智者，须臾之间脸色和表情有所变化，却不予赞同，而是坚定不移地保持自己对这些意象的一贯想法，即它们毫不值得害怕，只是它们虚假的外表和虚幻的恐怖让人胆战心惊。"

1　即卢基乌斯·弗拉维乌斯·阿里安（Lucius Flavius Arrianus，公元 86 年～146 年），罗马时期的希腊的历史学家、政治家、将领和哲学家。他是爱比克泰德的弟子，著有《亚历山大远征记（**Ἀλεξάνδρου Ἀνάβασις**）》《爱比克泰德谈话录（**Ἐπικτήτου διατριβαί/διάλεξις**）》及《爱比克泰德手册（**Ἐγχειρίδιον Ἐπικτήτου**）》等。

2　参看本书第 1 卷第 2 章注。芝诺是斯多葛派的创始人，爱比克泰德和克律西波斯都是学派的主要代表人物。

(21)这就是哲学家爱比克泰德依据斯多葛派的原则的所持有、所道出的观点，我是在前述的那卷书中读到的，而且认为应该将它们记录下来，以便当我所说的那种事情碰巧发生时，我们不会认为片刻恐惧，脸色近乎惨白，是愚蠢而懦弱者的行为，而是在此短暂的冲击之下，我们与其相信那些东西就是其呈现的样子，倒不如屈从于天生的软弱。

苏格拉底之死

〔法〕雅克-路易·大卫（1748年~1825年）

第 2 章

人体的五种感觉之中有两种我们肯定和兽类共有。来自于听觉、视觉和嗅觉的愉悦丑陋而可耻，来自味觉和触觉的愉悦才是最为卑劣的，因为这两种愉悦野兽也拥有，另外几种仅限于人类。

（1）人有五种感觉，希腊人称之为 αἰσθήσεις（感官知觉），显然，人们通过它们来寻求心灵和肉体的愉悦：味觉、触觉、嗅觉、视觉和听觉。人们认为，过度地从所有这些感觉中获取愉悦，是丑陋而可耻的。（2）按照智者们的观点，来自味觉和触觉的过度愉悦，是所有愉悦中最为卑劣的。尤其是那些沉溺于这两种动物愉悦的人，希腊人用 ἀκρατεῖς（无节制）或者 ἀκόλαστοι（放纵）这类指责人罪孽深重的字眼来形容，而我们则是说他们 incontinentes（无节制的）或者 intemperantes（放纵的）。而若是你想更准确地翻译 ἀκόλαστοι，它就会变成一个很不寻常的词。（3）而来自味觉和触觉这两种愉悦，亦即贪食和纵欲，是人和兽类所共有的。所以，谁若是被这些兽类的愉悦所控制，便被视为家畜和野兽的同类了。（4）源于其他三种感觉的愉悦则似乎专属于人类。

（5）关于这个问题，我抄录了哲学家亚里士多德的一段话，以便让这位名声卓著人士的权威意见能够阻止我们靠近如此可耻的愉悦："为什么那些耽溺于触觉和味觉之愉悦的人会被称为'无节制的'呢？因为那些放纵于爱欲者是这样，贪餍于美食者也是这样。至于美食的享用，于某些人，美味识于舌尖，于另一些人，美味存于咽喉，因此菲罗克塞诺斯（Φιλόξενος）[1]才祈求有一条鹤的喉咙。这是否就是因为，源自触觉和味觉的愉悦，在我们身上和在其他动物身上共有的呢？由于它们是人兽共有的，因此也是最不光彩、最可耻的，或者说，唯一可耻的。所以我们谴责这些沉溺于这类愉悦中的人，称他们为不自制的、放纵的，乃是因为此人业已屈服于最卑劣的愉悦。尽管存在五种感觉，别的动物只能从前述两种感觉中获得愉悦，而对于其他感觉，它们或是完全无法从中感受到愉悦，或是只能偶然感受到。"[2]（6）但凡有人之廉耻感者，谁又会为交媾和贪食所带来的两种愉悦而欢欣呢？这些愉悦可是人和猪、驴所共有的！（7）苏格拉底确实说过，很多人之所以希望活着，乃是为了吃喝，而他自己吃喝，则是为了活着。[3]（8）希波克拉底，一个具有神一般智慧的人，则认为，交媾是那种最可憎的疾病，即我们称之为"癫痫"[4]的那种病的一部分。他有这样一句话流传了下来："交媾是短暂的癫痫。"

1　基西拉的菲罗克塞诺斯（Φιλόξενος ὁ Κυθήριος，前 435 年 ~ 前 380 年）是古希腊有名的酒神赞歌诗人。有关他的这段陈述还见于《欧台谟伦理学（Ἠθικὰ Εὐδήμεια）》第 3 卷 1231a15。

2　亚里士多德《问题集（Problemata）》第 28 卷第 7 章。作者此处的引文与原文有少量差异。亦可参考《尼各马可伦理学（Ἠθικὰ Νικομάχεια）》第 3 卷 1118a1-b8。

3　参看《名哲言行录》第 2 卷第 34 节。

4　参看本书第 16 卷第 4 章第 4 节注。

第 3 章

冷淡的称赞比激烈的指责更让人丢脸。

（1）哲学家法沃里努斯说过，敷衍冷淡的称赞比疾言厉色的批评更让人丢脸。（2）他说：“因为那些谩骂指责他人者，他的言辞有多么激烈，人们就会认为他的偏见和恶意有多么严重，因此多半不会相信他。但是那些勉为其难、索然寡味地称赞他人者，看起来理由不足，人们便会认为某人的朋友想称赞他，却压根找不到值得夸奖的理由。”

第4章

为何会因突然的恐惧而腹泻；为何火会引起尿意。

（1）亚里士多德有著作名为《物理学问题集（Problemata Physica）》[1]，此书极其令人愉悦，充满了各种各样的精旨妙趣。（2）在书中他探讨为什么会发生这样的事情：当人们因为大事发生而陡然产生恐惧时，大多会立刻腹泻？（3）他也同样探讨：为什么久站火旁的人会想小便？（4）他说，受到惊吓时肠道通利、腹泻难止的原因是，所有的恐惧都属寒性，他称之为ψυχροποιός。它们通过此寒冷之力将所有血和热气从身体的表皮驱赶逼迫进入体内，并同时让恐惧者的脸因为血液流失而发白。（5）“而当血和热气，”他说，“被驱赶到体内深处时，它们通常会带动、刺激肠道。”（6）至于靠近火边所引起的尿频，他则给出了这样的解释：“火融化凝固的物体，就好比太阳融化积雪。”

1 《物理学问题集（Problemata Physica）》或名《问题集（Problemata）》，本章所述内容参看此书第27卷第10章、第7卷第3章。

第5章

引自亚里士多德著作中的一段话，称雪水是最差的饮品，冰是由雪构成的[1]。

（1）某年炎热的夏季，我和一些学习修辞和哲学的同伴与密友退隐到一位富有的朋友在提布尔（Tibur）的乡间别墅去。（2）在我们中间有一位逍遥学派[2]的正人君子，非常博学，对亚里士多德更是情有独钟。（3）看到我们喝了很多积雪融化而成的水，他加以制止，甚至还严厉地斥责我们。他向我们引述了一些名医的权威观点，尤其是那位对人间万事无所不知的哲学家亚里士多德的见解。后者说雪水对于庄稼和树木的茁壮生长确实很有益处，但是对人而言，过度饮用则有害健康，会长年累月地悄悄将感染和疾病播入内脏。（4）这个人出于慎重和善意，对我们喋喋不休地说这些话。但是我们并没有停止喝雪水，他就从当时位于赫拉克勒斯神庙的，藏书汗牛充栋的提布尔图书馆[3]拿来一卷亚里士多德的书给

1 “冰是由雪构成的”一语不是亚里士多德的。

2 参看本书第1卷第3章注。

3 参看本书第9卷第14章注。

我们看，说：“请至少相信这个最有智慧的人的话吧，别再糟蹋你们的健康了！”

（5）那卷书中写道，雪水是一种极坏的饮品，这种水凝结得坚硬而紧密，被希腊人称为“κρύσταλλον（明冰）”；书中还写下了这些理由：（6）“这种水遇到冷气变硬而凝结时，必然会出现蒸发，一些非常细微的蒸汽会在其中受到挤压，释放出来。”（7）他说道：“然而蒸发的是其中最轻的部分，剩下的是更重的、更为污浊、更有害的东西，而且这一部分在气流的冲击下其形状和颜色变得有如白色的泡沫。（8）但是有些更为健康的部分从雪中扩散、蒸发了，其证据是雪的重量比凝结之前更轻了。”

（9）我从那卷书中摘抄了亚里士多德的几句原话，转录如下：“由雪或冰融化而成的水为什么有害？是因为最细小和最轻盈的部分已经从结冰的水中蒸发了。证据就是，它冻结之后再融化时，重量就比以前轻了。既然最健康的部分已经蒸发了，那么剩下的自然就是比较差的部分了。”（10）我们读了这段话后，就认为要对最博学的亚里士多德怀有敬意。我此后就将雪视为大敌，向它宣战，[1]而其他人则各不相同地宣布休战。

1 如同汉尼拔对待罗马人那样。

第 6 章

羞愧将血液散发到外部，恐惧则会令其收缩。

（1）哲学家亚里士多德的《问题集》中如此写道[1]：为什么感到羞愧的人会涨红了脸，而感到恐惧的人则会脸色发白，尽管这两种情绪很相似？因为羞愧者的血液从心脏流向身体的各个部位，从而到达了身体的表面；而在恐惧者身上，血液则汇集到心脏，从而离开了身体的其他部位。

（2）当我在雅典和我的朋友陶洛斯一起读了这段文字，并且问他如何看待作者所给的理由时，他说："虽然他恰当而正确地讲述了血液扩散与汇集时发生了什么，但是他没有说为什么会发生这种情况。（3）因为人们还可能问，为什么羞愧会让血液分散，而恐惧会让血液聚集，尽管羞愧属于恐惧的一种，并且被定义为'对正当指责的恐惧'。哲学家们是这样定义的：'羞耻是对正当指责的一种恐惧。'"

1 这一段也被收录在 Valentinus Rose 编的《亚氏残篇（Aristotelis qui ferebantur Librorum Fragmenta）》243（F243R3）中（莱比锡，1886 年）。

第 7 章

obesus 与其他一些古代词汇的含义。

（1）诗人尤利乌斯·保路斯，一位对古事和古文颇有心得的正人君子，在梵蒂冈（Vaticanus）地区有一处小小的祖传房产。他经常邀请我们去他那里，并用水果和蔬菜殷勤地招待我们。（2）在一个宜人的秋日，我和尤利乌斯·凯尔西努斯（Julius Celsinus）与他一起用餐。在餐桌上听人读完莱维乌斯（Laevius）[1]的《阿尔凯斯提斯（Alcestis）》后，我们在太阳将要下山时返回罗马。途中我们反复咀嚼莱维乌斯那首诗中以新颖别致的方法使用词汇的修辞形式。因为诗中出现的每个词都值得关注，可备我们未来之用[2]，所以我将此诗背了下来。

（3）我们当时听到的那段诗是这样的：

他说，“躯体和胸膛处处消瘦（obeso），
心智麻木，动作迟钝缓慢，
岁月沉重如山。”

1　参看本书第 2 卷第 24 章注。

2　这种做法是作者所处的古风时期的特色。

我们注意到 obesus 一词在这里所用的不是常见的含义，而是确切的含义，指纤细、修长；obesus 的通俗用法是不恰当的，或者说是相反的，意思是硕大和肥胖。[1]（4）我们还注意到，他说的是 oblitteram gentem（灭亡的种族），而不是 oblitteratam gentem；[2]（5）同样他用 foedifragi 而不是 foederifragi 来指那些破坏盟约的敌人；[3]（6）他又将脸红的奥罗拉（Aurora）称为 pudoricolor（羞愧之色的），将孟农（Memnon）称为 nocticolor（夜色）；[4]（7）他更用 forte（偶然）来代替 dubitanter（犹豫不决）[5]，用 sileo（安静）来表示 silenta loca（安静的地方），还用了 pulverulenta（灰尘的）和 pestilenta（有害的），[6]（8）在 carendum tui est（缺少你）中用了 tui 而不是 te，[7] 在 magno impete（巨大的冲击）中用了 impete 而不是 impetu；[8]（9）他又用 fortescere 代替 fortem fieri（变勇敢），用 dolentia[9] 取代 dolor（悲哀），avens 取代 libens（自愿的）；（10）还用 curae intolerantes[10]（难以忍受的关照）代替 intolerandae，用 manciolae tenellae（纤细的手）[11] 代替 manus，说了 quis tam

1 Obesus 一词表示瘦在莱维乌斯的这段诗中无法证明，与之相反的肥胖之义在奥古斯都时期诗人之前未见例证。此处表现的是当时通行的含义。

2 Oblitterus 同样只有莱维乌斯使用。

3 Foedifragus 很罕见，但是并非只见一例。foederifragus 未见例证。

4 Pudoricolor 和 nocticolor 两个词，后者奥索尼乌斯（Ausonius）也重新选用了。莱维乌斯就像卢克莱修一样谋求用按希腊语方式构成的词汇来丰富拉丁语，但却无视结构的紧密协调。

5 Dubitanter 罕用，不过西塞罗也用过。

6 Silentus、pulverulentus 和 pestilentus：常见形容词的同源对似词。

7 Careo 带属格的结构很少见，但却很古老。

8 Impete 和 impetis 都是诗人的用法。

9 Fortescere 和 dolentia 均仅见一例。

10 Intolerans 语义被动。

11 这两个小词带有感情色彩。

siliceo（“谁如此冷酷？”）[1]。他还说了 fiere inpendio infit[2]，意思是 fieri inpense incipit（开销开始变大）；（11）他还用 accipitret[3] 来替代 laceret（撕裂）。

（12）我们在回去的路上沉醉于为莱维乌斯的用词做上述这些小注。（13）但是其他词汇则显得过于诗化，不太适合文章和演讲，所以我们予以忽略了。例如，他将涅斯托耳（Nestor）称为 trisaeclisenex（活了三代的老人）和 dulciorelocus（甜言蜜语的人）；（14）他还将“汹涌的巨浪”称为 multigruma，（15）将“冰冻的河流”称为 onychinum tegimen（玛瑙色的盖子），还有其他多种组合的戏谑词汇，（16）例如他称诽谤他的人为 subductisupercilicarptores（竖起眉毛吹毛求疵的人）。

1 形容词的隐喻用法。

2 古老的不定式和具有相应形容词 impense 含义的名词夺格用法。

3 动词 accipitret 源自 accipiter（苍鹰），意思是撕裂，犹如苍鹰撕裂它的猎物。

第 8 章

对 harena、caelum 和 triticum 是否有复数，以及 quadrigae、inimicitiae 和其他一些词汇是否有单数的探究。

（1）当我还没有前去雅典，还是个住在罗马的少年时，在听老师讲课的余暇，就去拜访科尔内利乌斯·弗朗托（Cornelius Fronto）[1]，去享受他那简明扼要、博学睿智的言谈。我每次去看他，聆听他的谈论，都能在教养与学识上有所精进。（2）某日他就某件事展开的谈话就是一例。此事确实很小，但是对拉丁语的学习而言不无裨益。（3）他的一位密友，一位学识渊博的著名诗人说，他用热沙（calentes harenae）治好了水肿，弗朗托就打趣道："您治好了病痛，但是没有治好您的用语毛病。因为盖乌斯·凯撒，著名的终身独裁官，格奈乌斯·庞培的岳父，凯撒这个家族及其名称的起源，一位具有卓越天才的人，在语言的精确方面超越了所有同时代的人，他在献给马尔库斯·西塞罗的《论类比（De Analogia）》中认为，harenae 是不正确的写

1 即马尔库斯·科尔内利乌斯·弗朗托。参看本书第 2 卷第 26 章注。

法，[1]因为 harena 像 caelum（天空）和 triticum（小麦）那样，是没有复数形式的；（4）与之相反，quadrigae（四马二轮战车）虽然是一辆车，但却是由四匹马套在一起的，因此始终应当用作复数，就像 arma（武器）、moenia（城墙）、comitia（集会）和 inimicitiae（敌意）那样，除非，我最亲爱的诗人，您能说出什么相反观点来为自己辩护，证明您并没有犯错。”

（5）那位诗人回答道：“我并不否认 caelum 和 triticum 应当始终用作单数，也不否认 arma、moenia 和 comitia 应当永远被归为复数；（6）但我们最好看看 quadrigae 和 inimicitiae。就 quadrigae 而言，我可能要服从于古代作者的权威；然而 inimicitia 这个词，盖乌斯·凯撒因何理由认为它就像 inscientia（无知）、impotentia （无能）和 iniuria（不公）一样，既不曾被古人使用，也不当由我们今人使用？而普劳图斯（Plautus），拉丁语言的骄傲，却也用了单数的 delicia（快乐）来代替 deliciae 呢？普劳图斯的原话是：

他说，我的快乐，我的心爱（delicia）。[2]

至于 inimicitia，昆图斯·恩尼乌斯在他那本最负盛名的书中写道：

他说，我天生就是这样的秉性，
或爱或恨（inimicitiam），都在脸上写得分明。

请您告诉我，还有谁说过或者写过 harenae 算不了拉丁语？我还请求您，如果盖乌斯·凯撒的书在您身边的话，叫人把它拿过来，这样您就可以评价一下他说那番话时有多自信。”

（7）凯撒的《论类比》的第一卷拿来后，我将书中的一些话记在心中。（8）因为，除了上文所说的 caelum、triticum 和

1　维吉尔（《埃涅阿斯纪》第 1 卷第 107 行）、贺拉斯（《颂诗集》I.28.1；III.4.31）以及奥维德用过 harena；哲学家塞内加（Seneca）、塔西佗、苏埃托尼乌斯（《十二凯撒传·奥古斯都》第 80 节）以及其他奥古斯都时代之后的散文作家和诗人也都用过。

2　《布匿人（Poenulus）》第 365 行。

harena都不允许复数的含义之外，凯撒还写道："难道你不认为，根据这些事物的性质，我们可以说'一块土地（una terra）'和'许多土地（plures terrae）'，'一座城市（urbs）'和'许多城市（urbes）'，'一个王国（imperium）'和'许多王国（imperia）'，而不可能将quadrigae转成单数，将harena转成复数？"

（9）读完这些话后，弗朗托问这位诗人："您难道不觉得有关这个词的状况，盖乌斯·凯撒已经将与您的相反的观点表达得足够清楚、足够坚决了吗？"（10）这时诗人被这部书的权威所震撼，说道："如果可以对凯撒的裁决提出上诉，那么我现在对凯撒的这部书提出上诉。凯撒并没有为他的观点说出理由，所以我现在问您，为什么您认为quadriga和harenae是错的。"（11）弗朗托如此回答："quadrigae就算没有套上几匹马，也总是保持复数形式，因为四匹马套在一起被称为quadrigae，就像quadrijugae（四马二轮套车的）[1]一样，表示很多马的名称绝对不应当纳入表示单数的单一性中。（12）harena也是同样原因，但类型不同。因为harena虽然用的是单数，但是指的是复数的、大量细小部分的组合，说harenae就显得粗鄙无知，好像这个词需要复数形式，而它本身的复数性质自然要求它用单数。"弗朗托又说道："我说这些并不是要当这种观点和规则的批准者（fundus）和签署者，而是不想听凭博学之士凯撒的见解显得没有依据。（13）因为caelum总是用单数，而mare（大海）和terra（大地）并不总是用作单数，pulvis（尘土）、ventus（风）和fumus（烟）也不总是用作单数，那为什么古代作者有时将indutiae（停战）[2]和caerimoniae（仪式）用作单数，但是从不将feriae（节日）、nundinae（市集日）、

1 Quadrijugae为Quadrijugus的复数形式，由quattuor+jugum（四+轭）组成。

2 未见任何和文本支持这个断言，即indutiae偶尔用作单数。相反，单数的caerimonia有所依据。Feria在比较迟的教会用语中常见。Nundinae实际上修饰Feriae，并且在古典时期它总是用作复数。Inferiae也是形容词，它可以修饰caerimoniae一词用来指宗教仪式时的复数。Mel、vinum和lac是物质名词，应该用作单数，然而对mel和vinum来说，复数也是有证据的，因为有好几个酒的产区，好几种蜂蜜。

inferiae（给亡者的祭品）和 exsequiae（葬礼）用作单数呢？为什么 mel（蜂蜜）和 vinum（酒）以及其他诸如此类的词汇用作复数，而 lacte（奶）[1]就不用作复数呢？我认为所有这些，都不是在繁忙的城市中为诸事所累的人们所能够探究、阐明和讨论的。（14）我看出来，你也被我刚才所说的那些事耽误了时间，想必急于去办件什么事。（15）所以现在请便吧，碰巧得空时，就打听一下，古代的那些人，无论是演说家还是诗人，只要他是优秀的、一流的作者，而非籍籍无名之辈，有谁用过 quadriga 或 harenae 的。”

（16）然后弗朗托吩咐我们去查找这些词，我认为不是因为他认为这些词已经在古代书籍中用过，而是为了激发我们的热情，通过阅读寻找这些稀有词汇。（17）最为稀罕的是，我们在马尔库斯·瓦罗的《讽刺诗》[2]一书中名为《埃克戴麦提库斯（Ecdemeticus）》的那一卷里找到了用作单数的 quadriga。（18）不过我没什么兴趣去找用作复数的 harenae，因为据我记忆所及，除了盖乌斯·凯撒以外，没有其他博学之士用过这种形式。

1 正规的写法当然是 lac。Lacte 和 lact 在早期拉丁语中出现，作者此处用了古代拼法。

2 即《梅尼普斯讽刺诗（Saturae Menippeae）》。

第 9 章

安东尼乌斯·尤利阿努斯在宴会上对某些希腊人的机智回答。

（1）一个来自亚细亚，属于骑士阶层的年轻人，他秉性乐观、举止优雅、家财万贯，对音乐有很好的天分和鉴赏力，正在城郊的乡村小别墅举行宴会招待他的朋友和老师，以庆祝自己的生日。（2）跟我们一起来赴宴的有演说家安东尼乌斯·尤利阿努斯（Antonius Julianus）[1]，他是年轻人的公共教师，带有西班牙口音[2]，但是非常善于言辞，精通古代文献。（3）酒足饭饱后就到了交谈的时间，安东尼乌斯要求技艺娴熟的男女歌手和弦琴手登场，他知道那个年轻人拥有这些人。（4）于是，那些男孩和女孩被带了进来，以欢快的声调唱起了阿那克里翁（Ἀνακρέων）[3]和萨福（Sappho）[4]的许多诗歌以及其他近期诗人既甜蜜又诱人的爱情

1　参看本书第 9 卷第 1 章第 2 节注。

2　参看第 7 节。

3　阿那克里翁（Ἀνακρέων，拉丁文名 Anacreon，公元前 582 年～前 485 年）是古希腊抒情诗人，以酒歌和情歌闻名。仅有少数几首诗保存下来。

4　萨福（Sappho，希腊文名：Σαπφώ，约公元前 630 年～前 570 年），来自古希腊累斯博斯岛（Lesbos）的著名女抒情诗人。著有诗集九卷，大部分已散轶。

哀歌。(5)但是我们对阿那克里翁年迈时所作的欢快小诗情有独钟。我把这些诗歌记了下来，以让我在紧张劳作，不得休息之时，能因其声调和韵律的优美得到些许放松：

（6）雕刻你的银器吧，
赫菲斯托斯[1]啊，
别为我做盔甲和兵器，
打仗和我有什么相关？
倒不如打只酒杯
深得不见其底，
别刻上星辰
也别刻上马车。[2]
我在意的是普勒阿得斯[3]，
牧夫星座也不错？
在上面添上金质的藤蔓
还有成串的葡萄，
踩踏其上的是
俊美的卢埃奥斯[4]
还有爱神和巴提卢斯[5]。

（7）这时宴席上的几位希腊人，他们举止优雅，对我们的文学也并非一知半解，开始攻击指责演说家尤利阿努斯，说他粗俗而没有教养，因为他出生于西班牙，只会神哗鬼叫，吵闹喧哗而已。

1　赫菲斯托斯（Ἥφαιστος）是希腊神话中十二主神之一，他是火神，亦是诸神的铁匠，具有高度的技巧，制造了许多的武器、工具和艺术品。等同于古罗马火神伏尔甘（Vulcanus）。参看本书第9卷第10章第1节注。

2　《伊利亚特》第18卷第483行起，赫菲斯托斯在盾面上绘制了大地、大海和各种星座。此处马车（ἁμάξας）的另一个含义是大熊座。

3　希腊文 Πλειάδες，即昴星团，参看本书第13卷第9章第6节注。

4　卢埃奥斯（Λυαῖος）是古希腊酒神狄奥尼索斯（Dionysus）的别名之一。

5　巴提卢斯（βάθυλλος/Bathyllus），贺拉斯在《长短句集（Epode）》第14首中提到了一位萨摩斯的巴提卢斯，阿那克里翁对他爱得发狂。

他所教授的语言运用，也完全没有一丝维纳斯与缪斯的欢乐与愉悦。他们再三问他对阿那克里翁以及诸如此类诗人的看法，以及我们的诗人中是否有人写出过如此流畅欢快的诗歌。他们还说："也许，只有卡图卢斯（Catullus）[1]和卡尔伍斯（Calvus）[2]的少许几首诗歌。因为莱维乌斯的诗歌过于杂乱，霍尔腾西乌斯（Hortensius）[3]风韵不足，秦纳（Cinna）[4]不够优雅，门米乌斯（Memmius）[5]的太过粗糙，其他所有人的诗歌都粗鄙难听。"

（8）于是尤利阿努斯异常激愤，就像为了自家的祭坛和灶火一样，开始为自己的母语辩护："我的确必须承认，你们的放荡不羁胜过了阿尔奇努斯（Alcinus）[6]，就好比你们在衣着和食物方面的快乐胜过了我们，所以你们的靡靡之音也同样比我们强。（9）但是为了不让你们指责我们，也就是拉丁民族，实在粗鄙愚笨，对爱毫无感觉，我要求你们允许我用斗篷盖住脑袋（人们说苏格拉底在发表一些不甚高雅的言论时就会这样[7]），请你们听一听、见识见识我们的先辈，他们比你们所提的那些诗人更早，既不缺乏爱情也不缺乏维纳斯。"

（10）然后他就向后仰倒，蒙住脑袋，以极其优美的语调吟唱

1　即盖乌斯·瓦勒里乌斯·卡图卢斯（Gaius Valerius Catullus），参看本书第6卷第20章第6节注。

2　参看本书第9卷第12章第10节注。

3　可能是指昆图斯·霍尔滕西乌斯·霍塔鲁斯（Quintus Hortensius Hortalus）。他是演说家霍尔滕西乌斯的儿子，诗人卡图卢斯的朋友。

4　即盖乌斯·赫尔维乌斯·秦纳（Gaius Helvius Cinna），参看本书第9卷第12章第12节注。

5　盖乌斯·门米乌斯（Gaius Memmius，？～公元前49年）是罗马演说家和诗人。公元前66年平民保民官，卢克莱修的恩主，卡图卢斯和秦纳的熟人。

6　Alcinus可能是费埃克斯（Φαίηκες）人的王阿尔基诺奥斯（Alcinous，Ἀλκίνοος）的另一种拼法。在荷马《奥德赛》中，他并不显得"放荡不羁"，这种评价是后来出现的。参看贺拉斯《书信集（Epistulae）》i.2.28起。

7　参看柏拉图《菲德罗篇（Phaedrus）》237a。

起了古代诗人瓦勒里乌斯·埃狄图乌斯（Valerius Aedituus）[1]、波尔基乌斯·李基努斯和昆图斯·卡图卢斯（Q. Catulus）[2]的诗歌，我认为在希腊语和拉丁语的诗歌中找不到更加优雅迷人、精致简洁的诗句了。（11）埃狄图乌斯的诗如下：

我想对你倾吐衷情，潘菲拉，
我该问些什么？话儿在唇边消失，
汗水突然流淌在兴奋的[3]胸膛，
如此安静而兴奋，羞愧而死亡。

（12）他还加上了同一个作者的另一首诗，其甜美不逊于前一首：

菲莱罗斯[4]你为何拿着无用的火把？
我们前往那里我们的胸间火光闪亮。
狂风劲吹吹不灭它的耀眼的光芒，
晶亮的雨水从天上而降也是枉然。
维纳斯的火，除了维纳斯自己，
还有什么力量能让它失去亮光？

（13）他还朗读了波尔基乌斯·李基努斯的这首诗：

母羊所生的温顺小羊羔的守护者啊，
你在寻找火？到这里来，我就是火。
我的手指一碰，点燃了整片森林
所有的羊儿都是火，目光所及都是火。

1 瓦勒里乌斯·埃狄图乌斯（Valerius Aedituus）是公元前1世纪的罗马诗人，以讽刺短诗闻名，其他情况人们所知甚少。

2 昆图斯·卡图卢斯·卢塔提乌斯（Q. Catulus Lutatius，公元前149年～前87年），公元前102年与盖乌斯·马略同任执政官。他是一位杰出的演说家、诗人以及散文作家，精通希腊文学。据信是他将希腊的讽刺短诗引入罗马，培育了罗马人对个人短诗的爱好。他的朋友有瓦勒里乌斯·埃狄图乌斯、波尔基乌斯·李基努斯和奥卢斯·弗瑞乌斯·安提阿斯等诗人。

3 原文Subidus，此词只出现于此处，它的含义不确定。看起来和动词subo（发情）有关。但是有人认为它是insubidus（愚笨）的反义词，这样的话它就可以理解为“有知觉的”。这首短诗中的头韵和类韵值得注意。

4 原文Phileros。

（14）昆图斯·卡图卢斯的诗如下：

我的心离我而去，就像往常一样，
想必是投奔泰奥提穆斯[1]它的庇护者。
若是我听任他收留逃犯又会怎样？
要不求他别放它进来扔出门外？
我想去找他却又担心被他留下。
我该怎么办？维纳斯请给我忠告。

诗人的灵感
〔法〕尼古拉斯·普桑（1594年～1665年）

1 原文 Theotimus。

第 10 章

常用的 praeterpropter 一词，在恩尼乌斯文中也能看到。

（1）我记得有次和努米底亚人尤利乌斯·凯尔西努斯一道拜访科尔内利乌斯·弗朗托，他那时正值痛风严重发作。我们进门后，发现他躺在一张希腊式卧榻上，围坐一旁的有一众或因学问，或因出身、或因财富而知名的人士。（2）弗朗托身旁站着几个应召来建造新浴室的建筑工匠，他们在展示画在小片羊皮纸上的各种浴室样式。（3）他从中选了一种设计款式，并且问，完成整个工程需要花费多少钱，（4）当建筑师说看起来得花 30 万塞斯特尔提乌斯左右时，弗朗托的一个朋友说道："大约（praeterpropter）还得加上 5 万。"

（5）这时弗朗托中断了他所开始的有关浴室建造费用的谈话，看着他那位说大约还需要 5 万的朋友，问他 praeterpropter 这个词是什么意思。（6）那位朋友说："这不是我自己的话，但是你应该听过很多人这样说。（7）你不应当问我这个词是什么意思，应当问语法学家"，他一边说一边指向坐在旁边的一位语法学家，后者在罗马教学，可谓大名鼎鼎。（8）那位语法学家被这个常用词的晦涩含义吓住了，就说："我们在探讨完全不值一谈的问题。（9）这种粗俗的词，或此或彼，工匠们谈话时常用，有学问的人不大用。”

（10）但是弗朗托提高嗓门，神情专注地说：“老师，这个词在您眼里就这么粗陋不堪吗？哪怕马尔库斯·加图和马尔库斯·瓦罗以及大多数早先的作者都把它当作必要的、纯正的拉丁语来使用？”（11）这时尤利乌斯·凯尔西努斯也提醒说，恩尼乌斯名为《伊菲革涅亚（Iphigeina）》的悲剧中也有我们正在探究的这个词，语法学家经常歪曲而不是解释这个词。（12）为此，弗朗托立刻命人把昆图斯·恩尼乌斯的《伊菲革涅亚》拿来。在这部悲剧中的歌队部分我们读到了这些诗句：

不知道如何将闲暇派上用场的人
事情比忙于工作的时候还要繁多。
他觉得闲暇也得安排做些什么，
然后投身其中，心中充满快乐。
无事的日子里心灵不知道要些什么。
都是这样，我们不在家中也不在战场，
我们到这儿再到那儿，到了又想离开那儿，
心思飘忽不定，日子就大约（praeterpropter）这样过。[1]

（13）读了这些诗后，弗朗托对那位犯错的语法学家说道：“最尊贵的老师，您听到了吗？您的恩尼乌斯说了‘praeterpropter’，它和哲学家们用最严厉的詈骂所通常表达的意思一样吗？我请您告诉我，既然我们在探究一个恩尼乌斯用过的词，那么下面这句诗有什么微言大义：

心思飘忽不定，日子就大约这样过。”

（14）在大家的哄堂大笑下，那位语法学家汗流浃背，面红耳赤，一边起身离开，一边说：“弗朗托，为了不让那些无知之辈偷学去，我以后会单独告诉你的。”于是所有人都站起来，把这个词的问题弃置一旁。

1 意思是我们只是存在而不是真正地生活。

第 11 章

柏拉图的几行爱情诗，这是他非常年轻时的游戏之作，当时他正在努力写作悲剧。

（1）这里有两句闻名遐迩的希腊文诗，诸多饱学之士都因其简短而优美动人而认为应当铭记在心。（2）不少古代作家都断言这是哲学家柏拉图的作品，是他年轻时的游戏之作，他那时正在尝试创作悲剧[1]：

我吻着阿伽同[2]，将魂儿拦在唇边

冒失的它跃跃欲试，仿佛要飞向蓝天

（3）我的一个朋友，一位精通音律之年轻人，知难而进，斗胆将这首双行诗（δίστιχος）转写成了行数更多的诗篇。因为这些诗句在我看来不值得牢记在心，便抄录于此：

我的嘴儿微微地张开，

吻着我那心爱的伴侣，

1　将悲剧写作作为早期文学练习是很常见的。参看《十二凯撒传·尤利乌斯·凯撒》第 56 节。

2　原文 Ἀγάθων。

仿佛是从空旷的小道，
吮吸鲜花的芬芳气息。
可是我的灵魂忧伤莫名，
怏怏地来到我的唇际，
我的嘴角欢迎它的到来。
男孩的美唇温润如玉，
为那魂儿开启了通道，
它只需一跃便能过去。
哪怕我们一直亲吻不休，
稍稍耽误了它的行期，
爱情之火也会给它鼓劲，
帮它冲过关口与我分离。
这件事多么令人惊奇，
我的生命也离我而去，
它要生活在男孩的心里。

第12章

赫罗狄斯·阿提库斯有关痛苦的力量与性质的论断；以及，一位将果树和荆棘一起砍倒的无知农夫的事例肯定了他的观点。

(1)我曾经在雅典听过前执政官赫罗狄斯·阿提库斯(Herodes Atticus)[1]用希腊语发表的演讲，他的演讲在观点权威、内容丰富和措辞典雅等方面远远超越了我们时代的几乎所有人。(2)他是针对斯多葛学派的“不动情感(ἀπάθεια)”[2]发表演讲的，因为某个斯多葛的信徒攻击他说，当他因所喜爱的男孩去世而蒙受痛苦时，没有那么理智和坚强。(3)根据我的回忆，这篇演讲的主旨如下：任何顺从天性来感觉和思考的人，都不可能完全免于像疾病、欲望、恐惧、愤怒、快乐所引起的，他称之为πάθη的那种心灵感受；而且，即使他能予以抗拒从而免于这些感受，情况也不会变得更好，因为，失去了某些起着最重要的调和作用的情感的支持，他的心灵会变得虚弱迟钝。(4)他说这些心灵的感受以及冲动，尽管在过度时是缺点，但却与心灵的某些力量

1 参看本书第1卷第2章第1节注。

2 参看本书第12卷第5章第10节。

与热情相关联。（5）因此，如果我们愚昧无知地将这些感受一律祛除，那么就会存在这样的危险：我们同时失去心灵中与之相连的良善而有用的品性。（6）由此他认为，应当巧妙地，深思熟虑地，对这些感受加以调节，进行净化，仅仅在这些感受看起来不近情理，有违本性，可能造成危害的时候予以祛除，千万不要让故事中无知粗俗的色雷斯人在照料他所购买的田地时发生的事情真正出现。

（7）他说："有个来自遥远的蛮荒之地，不善耕作的色雷斯人，移居到了更为发达的地方，希望过上更为文明的生活。他购买了一块种上了橄榄和葡萄的田地。他对种植葡萄和树木一无所知，碰巧看见一位邻人在刈除又高又宽的荆棘，把他的梣树齐头剪掉；拔掉从葡萄树的主根生长出来，在地上蔓延的嫩藤；剪掉果树与橄榄树上又高又直的嫩枝。他就凑上前去，问邻人为什么对自己的树木和枝叶进行这样的破坏。（8）邻人答道：'这是为了保持田地整洁清爽，好让树木和葡萄藤更加多产。'（9）那个色雷斯人道谢后高高兴兴地离开了，认为自己学到了农事的知识。随后这个可怜的无知之徒拿起镰刀和斧子，开始修剪所有的葡萄与橄榄树。他剪去了树木最丰茂的枝叶和葡萄藤最繁盛的枝芽，为了清理田地，他在拔掉荆棘的同时，还拔掉了所有能够结出果实的灌木和矮树。他以可怕的代价学得了大胆，通过错误的模仿获得了犯错的信心。"（10）他接着说道："那些'不动情感'的信徒就是这样，他们希望被人视为沉着冷静、无所畏惧、岿然不动，同时又无欲无求、不喜不悲、不怒不嗔，剪除了心灵中一切更有活力的功能，在麻木不仁中白了少年头，浑浑噩噩地虚度一生。"

第 13 章

我们称为 pumiliones（侏儒）的，希腊人称为 νάνοι。

（1）科尔内利乌斯·弗朗托、费斯图斯·波斯图米乌斯（Festus Postumius）[1] 和苏尔皮基乌斯·阿波利纳里斯有次碰巧一起站在帕拉丁宫（Palatium）[2] 的前庭高谈阔论，我和一些同伴也站在一旁，怀着好奇心对他们有关文学的谈话洗耳恭听。（2）这时弗朗托对阿波利纳里斯说道："老师，请您指教于我，让我确定，我不把身材非常矮小的人称为 nani[3]，而是称为 pumiliones[4] 是否正确。因为我记得早期作家在著作中用过后面这个词，我认为 nani 这个词下贱而粗鲁。"（3）阿波利纳里斯答道："确实如此，粗鄙无知之徒惯用 nani 这个词，但这并不是个蛮族词，人们反而认为它来自希腊。因为希腊人称身材矮小、站着比地面高不了多少的人为 νάνοι，他们使用这个词合乎某种词源学原理，与词汇的意义相

1　生平不详。

2　Palatium 既指罗马七山中的帕拉丁山，又指建在这座山上的皇宫。

3　单数形式为 nanus，指矮人或者个子小的牲畜，源自希腊文 νᾶνος。

4　参看本书第 16 卷第 7 章第 10 节。Pumiliones 实际上是更早的拉丁语词。

符[1]。如果我没记错的话，阿里斯托芬（Aristophanes）[2]在名为《货船（Ὁλκάδες）》的喜剧中就用过这个词。如果您屈尊去使用这个词的话，那么您就为它授予了公民权，或者帮它落户于拉丁殖民地，而且这个词可能会比拉贝里乌斯引入拉丁语的那些低俗粗鄙的词汇更加受人欢迎。”[3]

（4）于是费斯图斯·波斯图米乌斯对弗朗托的一位朋友、一位拉丁文语法学家说："阿波利纳里斯告诉我们nani是一个希腊词，请您告诉我们，这个词的日常用法，即指那些矮小的驴和马，是否是正确的拉丁语，您又是在哪些书中看到的？"（5）那位非常精通古代文献的语法学家答道："要是当着阿波利纳里斯的面对任何拉丁语或者希腊语词汇发表看法不算冒昧的话，费斯图斯，那我斗胆回答您的询问。这个词是拉丁语词，而且可以在赫尔维乌斯·秦纳的诗中看到，他是一个既非籍籍无名、也非不学无术的诗人。"然后他就朗诵了这些诗句的原文，我恰好记得，就抄录于下：

但是此刻我穿过了盖努马尼[4]柳树林，
双套的小矮马（nanis）拉着我匆匆离去。

1　意思是矮的人用短的词来称呼。

2　参看本书第一册序言注。

3　参看本书第16卷第7章。

4　原文Genumani，在凯撒《高卢战记》7.75.3中写作Cenomani，内高卢的一个凯尔特人部族。

第 14 章

马尔库斯·瓦罗和普布利乌斯·尼基第乌斯与凯撒和西塞罗同一时代，是当时最有学问的人；以及，尼基第乌斯的评注，因为太过晦涩精奥所以不甚流行。

（1）在马尔库斯·西塞罗和盖乌斯·凯撒的时代，很少有人在雄辩方面出类拔萃，但是在人性藉此得以启迪的，包罗万象的学术与五花八门的技艺方面，马尔库斯·瓦罗和普布利乌斯·尼基第乌斯可谓鹤立鸡群。（2）瓦罗有关事物和学问的记录，以文献的形式保存了下来，公开流传，时常得以使用，（3）但是尼基第乌斯的思考却并没有那么广为人知，由于其晦涩精奥，貌似无用而被束之高阁。（4）我不久前在他名为《语法学家（Grammaticos）》的笔记中读到的内容就是如此，我从中摘录了一些片段，来展示他的写作风格。

（5）当他讨论语法学家称为元音（vocales）的那些字母的性质与顺序时，写了这样的话，我对此不加解释，以训练读者的能力。他说："（6）a 和 o 总是在词首，i 和 u 随后，e 既可在前又可在后；在 Euripus 里在前，在 Aemilius 中在后。如果有人认为 u 在 Valerius、Vennonius 和 Volusius 中是在前，或者 i 在 jampridem（很久以前）、jecur（肝脏）、jocus（玩笑）和 jucundus（快乐的）中是在前的话，那就错了，因为这些在前的字母事实上就不是元音了。”[1]（7）这些话也来自同一卷书：“在 n 和 g 之间还夹入了其他的成分，例如名词 anguis（蛇）、angari（信使）、ancorae（锚）、increpat（谴责）、incurrit（跑向）和 ingenuus（生而自由）。在这些词中，没有真正的 n，而只有一个伪音（adulterinum）n。因为 n 的发音证明它不是真正的 n；如果它是，那发音时舌头应当碰到上颚。”（8）在其他地方他还写道：“我不会说那些用 o 和 u 拼写 ou 的希腊人无知，而会说用 e 和 i 拼写 ei 的罗马人无知；因为前者是迫于无奈，后者则是多此一举。”[2]

1 在元音前，i 和 u 快速发音，充当辅音，从而与后面的元音同处一个音节。在现代印刷品中，当这两个字母用作辅音时，分别用 j 和 v 来代替。（据《拉丁语语法新编》，华东师范出版社 2017 年版，第 3—4 页。）

2 因为 u 的发音相当于法语的 u，德语的 ü，希腊人被迫用 ou 来表示长音 u。在我们最早有文字记录的年代之前，拉丁语中纯正的双元音 ei 已经变成了 ī，其中一个例子就是用 dīco 来表示 deico（参照 δείκνυμι）。虚假的双元音 ei，可能是尼基第乌斯所知道的唯一一种，此处用来说明 ī 的发音。

第20卷

我们天性大多如此，

总对自己不大满意。

第1章

法学家塞克斯图斯·凯基利乌斯与哲学家法沃里努斯关于《十二铜表法》的争论。

（1）塞克斯图斯·凯基利乌斯（Sextus Caecilius）[1]以其在法学，在理解与解释罗马人民的法律等方面的学识、经验和权威而闻名遐迩。（2）当我们在帕拉丁广场[2]等候向皇帝[3]致敬时，哲学家法沃里努斯碰巧遇见他，当着我们和其他很多人的面与他攀谈起来。[4]（3）他们当时在谈话中提到了十人团的法律，这十个人因此事受罗马人民委派，制定了这些法律并且将其刻在十二块铜表上。[5]

（4）塞克斯图斯·凯基利乌斯考察与研究过许多城邦的法律，

1 塞克斯图斯·凯基利乌斯·阿非利卡努斯（Sextus Caecilius Africanus，？～公元前169/175年）是公元2世纪中期的罗马律师，法学家萨尔维乌斯·尤利阿努斯（Salvius Julianus）的学生。著有九卷讨论疑难案件的《问题集（Quaestiones）》和《书信集（Epistulae）》。

2 帕拉丁广场位于皇宫的主要入口处，两侧分别是奥古斯都宫和提比略宫。

3 此处指安东尼努斯·皮乌斯（Antoninus Pius），罗马皇帝，公元138年～161年在位。

4 在此文中，法沃里努斯是从哲学家的角度以及常识的角度来批评《十二铜表法》的，而专业人士塞克斯图斯·凯基利乌斯则凭借自己对古代语言和习俗更为熟悉，予以反驳。

5 公元前451年，这些法律被刻在十块铜板上，置放于罗马广场。前450年，又增加了两块铜板。

当他说到《十二铜表法》文风优雅、用语非常简洁[1]时，法沃里努斯说："这部法律的大部分情况确实如您所说；我在阅读《十二铜表法》时，产生的兴趣不亚于阅读柏拉图的十二卷《法律篇（De Legibus）》。但是在我看来，这部法律的某些内容要么晦涩难懂要么残酷无情，另一方面，有些内容却过于软弱无力，或者绝对无法照条文予以实施。"

（5）塞克斯图斯·凯基利乌斯答道："对那些晦涩难懂之处，我们不能归咎于立法者，而应当归咎于那些无力领会者的无知，尽管这些人，以及那些不能全然理解该法书面意义的人们可以得到谅解。（6）因为随着时间流逝，古代的词语和习惯都逐渐被遗忘，而法律的含义正是通过这些词语和习惯来理解的。《十二铜表法》是在罗马建城[2]300年后才编制写定的，从那时到今天好像至少有600年[3]了。（7）您认为这部法律有哪些条文是残酷的？除非您认为这样的法律就是残酷的：依法任命的法官和仲裁员，因为被证实在判案时收受贿赂而被处以死刑[4]；或者将现场抓获的窃贼交给被窃者为奴[5]；以及许可杀死夜间行窃的人[6]。（8）我恳请您这位最博学的智者告诉我，您是否认为，违反神法和人法，为了金钱出卖自己誓言的法官的背信弃义，现行被抓的窃贼的肆无忌惮，以及夜间拦路抢劫者的阴险残暴，不应该受到死刑的处罚吗？"

（9）法沃里努斯答道："请不要问我的看法。您知道，因为

1 如同在本书第11卷第18章中一样，作者在此借凯基利乌斯之口，强调罗马法律比起外国人的法律更为出色。

2 据传说，罗慕路斯于公元前753年创建罗马城。

3 此文所述场景大致发生于公元150年前后，距《十二铜表法》制定完毕恰好600年上下。

4 参看《十二铜表法》第九表第三条。此法规定了对法官和仲裁员犯受贿罪的处罚。仲裁员由诉讼双方选定来解决纷争，他比法官具有更大的自决权。

5 参看《十二铜表法》第八表第十四条。此法规定白天现场抓获的窃贼的处置方式。

6 参看《十二铜表法》第八表第十二条。此法规定夜间行窃可以处死。此条与第八表第十四条都表明了在一个基于财产的社会里的法律是非常严厉的。

我所遵循的学派[1]的缘故，我习惯于提问而非论断。（10）但是罗马人民才是举足轻重、不可忽视的评判者，在他们看来，此类罪行当然是应受惩罚的，但是如此惩罚则显得过于残酷，所以他们听任这部刑罚过分严厉的法律在搁置不用、年深日久之后失效。（11）例如，他们也不赞同这样一条不人道的规定：如果某人被传唤出庭，但因疾病或年老而无力步行，‘他（原告）不必准备有篷马车’，而是将此人抬出来放在驮兽背上，从他家中运到议事广场的大法官[2]前面，[3]就好像在进行一场奇特的葬礼。当某人疾病缠身，无法出庭时，为什么要由他的对手用驮兽载去法庭？（12）但是某些我前面说过看来过于宽容的条文，是否在您看来也是太过轻缓？例如这项有关伤害的惩罚的规定：‘伤害他人的，处 25 阿司的罚金。’[4]有谁穷到区区 25 阿司的罚金就能够吓阻他伤害别人的意图？（13）因此您的拉贝奥（Labeo）[5]在其著作《论十二铜表法（Ad Duodecim Tabulas）》中也不赞同这条法律，他说：‘卢基乌斯·维拉提乌斯（Lucius Veratius）是个穷凶极恶、无法无天之徒。他以掌掴自由人的脸为乐。一个奴隶跟着他，拿着装满阿司的钱袋，他每掌掴一人，就吩咐马上根据《十二铜表法》的规定数给受害者 25 阿司。’”他接着说道：“因此，大法官们随后裁定废弃这条规定，宣布他们将委派判还官们（recuperatores）[6]来评估伤害。（14）如我所说，这部法律的某些规定看上去甚至是无法执行的，例如同态报复法（Lex talionis），如果我没记错的话，此法原文

1 可能指皮浪学派（Pyrroneus），法沃里努斯曾经写过 10 卷介绍皮浪学派学说的著作。

2 在这个时期，两位大法官（Praetor）是最主要的行政官，相当于后来的执政官。

3 参看《十二铜表法》第一表第一、三条。

4 参看《十二铜表法》第八表第四条。

5 即马尔库斯·安提斯提乌斯·拉贝奥（Marcus Antistius Labeo），参看本书第 1 卷第 12 章第 1 节注。

6 判还官是由三或五个人组成的一个委员会，起初只是处理罗马人和异邦人之间的诉讼，但是后来从事罗马人之间的简易审判。

是这样的：‘折断他人肢体者，若不能达成和解，判处同态报复。’[1]（15）且不说这种报复的残酷性，就算是公正的同态报复也是难以执行的。因为，某个肢体被他人折断的人，如果试图以同态报复的方式折断原加害人的肢体的话，我就要问，他能做到以同样的方式分毫无差地折断他人的肢体吗？在这种情况下首先就会产生无法解决的难题。”（16）法沃里努斯又说：“对于无意中折断他人肢体的又该如何处理呢？无意造成的伤害，也应当以无意的方式来补偿。因为意外的伤害与预谋的加害不能归于同一类同态报复。[2]那么当某人在实施同态报复时没有自由行动的权利，只可以采取无意的方式时，他怎么样才能模仿无意的方式呢？（17）如果他故意折断原加害人的肢体，那么原加害人显然不会接受更为深重的伤害。我不知道能用什么样的天平和量具来避免这一点。（18）而且，如果报复过重或者有所差异，就会导致双方为同态报复而互相反击，冤冤相报无穷尽，这显然是一种荒谬的残酷。（19）另外，我也不忍提起，羞于论及这件事的惨无人道：某人因欠债受到审判，被判给诸债权人，[3]其身体被切割瓜分。因为，比起将贫穷的债务人的肢体像如今拆分变卖财产一样切开散卖，还有什么行为更加残酷、更加偏离人性吗？”

（20）塞克斯图斯·凯基利乌斯伸出双手抱住法沃里努斯，说道：“您是我记忆中最为精通希腊和罗马学问的人。有哪位哲学家能像您精通我们的十人团的法律那样精熟切实地了解他自己学派的法则呢？（21）但是我恳请您稍稍偏离一下您在论辩时所用的那套学园方式，放下您根据喜好进行攻击或辩护的热情，更为认真地思考您所指责的那些规定的本质。不要去嘲笑那些古代的法

1 《十二铜表法》第八表第二条。

2 《十二铜表法》第八表第二十四条实际上对蓄意和无意的伤害做出了区分：“某人并非想投掷武器，但武器脱手的，应处以公羊一只祭神。”（中译文据徐国栋）。

3 参看《十二铜表法》第三表第六条。

律，仅仅因为这些法律中的很多规定早已不为罗马人民所使用了。(22)您肯定忽略了，法律的便利(oportunitates)和矫治(medullas)[1]会随着革风易俗、国事变迁、利益考量以及需要矫治的罪行而达权通变，而不会墨守成规。实际上，就像天空和大海的面貌变化无常一样，法律也随着情况和命运的时节变幻莫测。(23)有哪部法律能比斯托罗(Stolo)规定公民占有土地的优格数的法案(rogatio)[2]更为有益？有哪部法律能比沃科尼乌斯(Voconius)限制妇女根据遗嘱继承遗产的平民法令(plebisscitum)[3]更为有用？有哪部法律在防止公民奢侈浪费方面能比李基尼乌斯和范尼乌斯法(Lex Licinia et Fannia)[4]以及其他的反奢侈浪费法更有必要？然而所有的这些法律都已被城邦的财富所荡涤淹没，就如同面对汹涌的海浪一样。(24)但是，为什么在您看来缺乏人性的法律在我看来却是最充满人情味的呢？那条规定为受传唤的老弱病残提供驮兽的法律？(25)'如果被传出庭'这条法律的原话是这样的：'如果因有病或年老而有困难，传唤其到庭者[5]应当提供驮兽，如果他不愿意，则不必备好有篷马车。'[6](26)您是否碰巧认为，'有病'是指发着高烧打着寒战这样的大病，'驮兽'是指用背来驮东西的牲畜？您是否就据此认为，将卧病在床的病人从家中拖出来，用驮兽驮到法庭是缺乏人性的？亲爱的法沃里努斯，事情绝不是这样

1 Oportunitates 指法律能为防护方的特别需求所提供的利益或援助，medullas 是法律为消除罪恶而提供的补偿。

2 即以盖乌斯·李基尼乌斯·斯托罗（C. Licinius Stolo）命名的李基尼乌斯法（Lex Licinia Sextia）。参看本书第 6 卷第 3 章注。

3 即沃科尼乌斯法（Lex Voconia）。参看本书第 6 卷第 3 章注，第 17 卷第 21 章注。

4 公元前 161 年执政官盖乌斯·范尼乌斯（Gaius Fannius）颁布了反奢侈法，规定农神节（Saturnalia）以及其他一些节日，每日的花费为 100 阿司，每个月里的另外 10 天每天 30 阿司，而剩余的所有天数里每天 10 阿司。大约出现于公元前 103 年的李基尼乌斯法（Lex Licinia）准许特定的节日开销可达 100 阿司，婚礼容许花 200 阿司，其他日子则限为 30 阿司；规定了每天肉和咸鱼的固定限用重量，然而所有出产自土地、葡萄藤、树木的东西，均可不加分别地无限制享用。参看本书第 2 卷第 24 章。

5 指原告。

6 参看《十二铜表法》第一表第一、三条。

的。（27）因为‘有病（morbus）’在这条法律中不是指发高烧或者重病，而是指身体虚弱和不适这样不危及生命的小恙。而其他更为严重、危害身体的疾病，立法者在别处[1]称之为‘大病（morbus sonticus）’而不是‘有病’。（28）‘驮兽（jumentum）’也不仅仅是我们今天说的那个意思，同时也指由套轭的牲畜所拉的车；因为我们的先辈是根据‘套轭（jungo）’这个词创造‘驮兽’一词的。（29）还有，‘有篷马车（arcera）’是指四面封闭像个大箱子（arca）一样的马车，四周罩布，通常是供病骨支离或年老之人躺在里面载运而行的。（30）这样一来，被传唤的贫穷无助之人在偶因足疾或其他原因不能行走时要向其提供马车的规定，在您看来有什么残酷无情之处呢？他们决定不提供奢侈的有篷马车，是因为任何一种车子对病人已经足够。立法者这样做，是为了不让身体有病这一借口成为那些拒不履行义务，逃避诉讼者的永久豁免（vacatio）。（31）他们这样做并不愚蠢：规定伤害他人处以 25 阿司的罚金。亲爱的法沃里努斯，并不是所有的伤害都用这么少的铜币来赔偿的，虽然少量阿司也是一大堆铜，因为在当时人们所使用的 1 阿司等于 1 磅铜。[2]（32）对于更严重的伤害，例如折断别人的骨头，不仅是自由人的骨头，甚至是奴隶的，都要处以更重的罚金。[3]对于某些伤害甚至规定了同态报复。（33）尊贵的先生，您略有不公地指责了同态报复法，还以风趣幽默的话语嘲讽它的难以执行，因为根本做不到以牙还牙，折断他人肢体也不容易达到您所谓的‘分毫无差’。（34）亲爱的法沃里努斯，做出完全相等的

1 参看《十二铜表法》第二表第二条：“患重病，或者定好了与外邦人审理案件的日期，如果遇到这些障碍之一，法官、仲裁员或者被告应另日诉讼。”（中译文据徐国栋）。

2 阿司的贬值也使得原来很重的罚金变得无足轻重。在《十二铜表法》的年代，1 阿司为 12 两（1 罗马磅）重的青铜币，到了公元前 269 年，变成了 4 两，到了公元前 217 年，成了 1 两。而金币和银币的出现，更加降低了作为青铜币的阿司的价值。

3 参看《十二铜表法》第八表第三条：“以手或棍棒折断自由人一骨的，处 300 阿司的罚金，折断奴隶一骨的，处 150 阿司的罚金。”（中译文据徐国栋）。

报复的确是很困难的。但是十人团希望通过对殴打和伤害的报复来减少和消灭这样的暴力，他们认为人们应当受到威慑的制约。他们认为，无须费心考虑那些折断他人肢体而又不愿达成赔偿协议来免除报复的人是出于蓄意还是无意。他们不考虑对这件事的报复是否分毫不差、轻重得当，他们更愿意要求，在折断身体相同部位的时候，情绪和力度须得相同，而不介意后果的相同，因为，蓄意的程度可以告知，击打的后果不可预料。（35）如果事情如我所说，也如公正本身所不言自明的那样，那么，您所说的那种冤冤相报与其说是真实的，倒不如说是想象丰富。（36）您认为这种惩罚过于残酷，唉，那么我就请教您，以其人之道还治其人之身有什么残酷之处，特别是在你有机会达成赔偿协议而不受报复的情况下？除非你自己选择了报复。（37）您认为大法官的评估伤害的告示更值得赞扬，我不得不提醒您，这种报复通常也是必须由法官来评估的。（38）因为，如果被告拒绝达成赔偿协议，又不服从法官确定的报复的话，法官就会对案件作出评估，责成被告支付罚金。藉此，被告如果觉得赔偿协议过于严格，报复过于残酷的话，法律的严厉性就回归到一笔罚金了。（39）还剩下您认为把人体切割分配是非常缺乏人性的看法，我想对此作出回答。罗马人民从起初默默无闻到现在的繁荣强大，靠的是身体力行各种美德，他们最为珍视的是诚信，在公事与私事中都将之奉为神圣。（40）因此，为了维护公共的诚信，作为最卓越之人的执政官曾被交给敌人；[1]同样，受保护人一旦接受了恩主的保护，恩主就必须待他比自己的亲友更亲密，甚至要为他反对自己的亲属，在人们看来，没有哪种罪行比被证实欺诈受保护人更重了。（41）我们的先辈不仅在公职中，还在私人契约中规定了这种诚信，尤其是在借款的使用和往来方面：因为他们认为，这种帮助可解一时之需，在共同生活中是必

1 指执政官提图斯·维图里乌斯·卡尔维努斯与斯普利乌斯·波斯图米乌斯·阿尔比努斯。参看本书第 17 卷第 21 章第 36 节及注。

不可少的，如果债务人的背信没有受到严厉的惩罚，那么这种支援就会失去。（42）因而，承认欠债的人会被判处30天的时间以筹款还债，十人团称这段时间为‘宽限期（justus）’，（43）就跟‘息讼日（justitium）’相似，暂时中断法律效力，在此期间内不得对其提起诉讼。（44）宽限期过后，债务人如果还不能偿债，就被传唤到大法官那里，由其移交给判决所指定的一方，债务人可能被戴上镣铐或脚镣。（45）我认为，这就是《十二铜表法》下面这些话的意思：‘对于自己承认且判决确定的债务，给予30天的宽限期。此后，债权人可以对其实行拘押，将他带到法庭上。如果债务人不能履行判决或无人为其提供保证，债权人可以拘其至家中，戴上镣铐或脚镣。镣铐不轻于15磅，债权人愿意的话可以加重。若债务人愿意，他自备饮食，如不愿自备，则拘禁他的人应每日供给小麦一磅，拘禁人愿意的话可以加量。’[1]（46）期间双方有权达成协议，如果不能达成协议，则债务人要被拘禁60天。（47）在此期间，应在连续3个集市日[2]将债务人带至议事广场的大法官处，对他们宣告其被判决偿付的金额。在第3个集市日，债务人应被处以死刑或者出卖到台伯河对岸的外邦去。[3]（48）但是，如我所说的那样，立法者通过展现酷刑和异乎寻常的恐怖，为这种死刑制裁赋予恐吓和震慑的力量，其目的是维护诚信。如果债务人被判给数人，如果他们愿意的话，可以将这个判给他们的人的躯体肢解、分配。（49）为了不让您以为我畏惧此法的恶毒，我将引用《十二铜表法》的原文：‘在第3个集市日，债权人可以将债务人肢解。切多切少，都不算罪过。’[4]（50）毫无疑问，没有什么比这更残酷，更缺乏人性的了，除非，像事实所

1 《十二铜表法》第三表第一至四条。

2 罗马的集市日于每个第9日举行，按罗马计数法，如果第1个集市日是某月1日，第3个集市日就是17日。

3 参看《十二铜表法》第三表第五条。

4 《十二铜表法》第三表第六条。中译文参考了徐国栋译文。

呈现的那样，这么残酷的惩罚旨在造成威吓，以至于从来不会有人敢于以身试法。（51）如今，我们看到很多人受到监禁，戴上镣铐，这是因为坏人们对镣铐加身的惩罚不屑一顾。（52）我既没读到过也没听说过在古代有谁被大卸八块，因为这种惩罚的严厉性是不容藐视的。（53）法沃里努斯，您是否认为，如果《十二铜表法》规定的对作伪证的惩罚[1]没有被取消，如果还像从前那样，将判定犯有伪证罪的人从塔尔佩乌斯岩上扔下去，那么今天我们还会看到这么多的人在作证时撒谎吗？惩罚罪行的严厉性正是正派而谨慎的生活的指引。（54）我对阿尔巴的麦提乌斯·弗费提乌斯（Mettius Fufetius）[2]的故事也并不陌生，尽管我没读过多少这类的书，他背信弃义地破坏了与罗马人民的王所达成的协议，结果被绑在两组各四匹的马身上，当马向相反方向跑开时，身体被撕成碎片。谁能否认这是异乎寻常的酷刑呢？但是，就像那位最优雅的诗人所说的那样：

可是，阿尔巴人啊，你应当重信守诺！”[3]

（55）塞克斯图斯·凯基利乌斯说完这些和其他一些事之后，我们在场的人包括法沃里努斯在内都赞颂不已，这时，有人宣布皇帝开始接受致敬，我们就都散去了。

1 参看《十二铜表法》第八表第二十三条。

2 麦提乌斯·弗费提乌斯是罗马第三位国王图鲁斯·霍斯蒂利乌斯（公元前673年～641年在位）时期的阿尔巴·隆加王国的独裁官。他曾与罗马结盟，但是在一次重要的战役中他撤走了他的部队，所以受到了惩罚。

3 《埃涅阿斯纪》第八卷第643行。

第2章

马尔库斯·加图的演说中的 siticines 一词究何所指。

（1）在马尔库斯·加图的演说《新官就任后，前任不得保留全权（Ne Imperium Sit Veteri，Ubi Novus Venerit）》中用了 siticines 这个词。他提到了 siticines、liticines 和 tubicines。（2）但是凯色尔里乌斯·温德克斯在其《古籍读书笔记（Commentaria Lectionum Antiquarum）》中说他知道 liticines 是吹军号（lituus）的人，tubicines 是吹号筒（tuba）的人，但是作为一个天性真诚的人，他坦承不知道 siticines 吹的是什么。（3）我们在阿泰乌斯·卡皮托（Ateius Capito）[1] 的《杂集（Coniectanea）》中发现，siticines 是指那些通常在已经死亡并已入葬的“被埋葬者（situs）”旁边吹奏的人，他们吹的是一种自成一类的喇叭，与其他吹奏者不同。

1 参看本书第1卷第12章第8节注。

第3章

诗人卢基乌斯·阿克基乌斯为何在其《实艺录》中说 sicinnistae 是个“含义模糊的名词”。

(1)常人所说的 sicinistae，言辞更准确者说成有两个 n 的 sicinnistae。(2)Sicinnium[1] 是一种古代的舞蹈。现在站着歌唱的人在古代是且歌且舞的。(3)诗人卢基乌斯·阿克基乌斯在其《实艺录(Pragmatica)》中谈到这个词，他说sicinnistae 被称为一个“含义模糊的名词”。之所以含义模糊，我认为是因为 sicinnium 的含义不广为人知的缘故。

1　Sicinnium 这个拉丁词源自于羊人剧中的羊人舞蹈（σίκιννις）的创始人 Σίκιννος 的名字，参看欧里庇得斯《独目巨人（Κύκλωψ）》第 37 行。Sicinnista 相当于希腊词 σικιννιστής，跳羊人舞者。

第4章

对伶人（artifex scaenicus）的追求与爱恋是卑鄙可耻的，哲学家亚里士多德关于这个问题的一段话。

（1）哲学家陶洛斯的一个学生，一位富有的年轻人，和一些喜剧和悲剧演员以及乐手们打得火热，乐在其中。（2）这类艺人在希腊语里被称作 οἱ περὶ διόνυσον τεχνῖται（狄奥尼索斯的匠人）。（3）陶洛斯想要让这位年轻人摆脱与这些伶人[1]的友谊与亲密关系，送给他这样一段从亚里士多德《诸事问题集（προβλήματα ’εγκύκλια）》[2]一书中抄录的话，要求他每天诵读：“（4）为什么大部分狄奥尼索斯的匠人都是坏的呢？因为他们与理性和哲学之间几无相通之处。这是由于他们生命的大部分都耗费在必不可少的技艺上了。而且他们大部分时间处于不能自制的状态，有时候还贫困潦倒，这两种情况都会导向邪恶。”[3]

1　西塞罗在第2篇《反腓力辞》第67节中也表达了对艺人的不屑。

2　即《问题集（Problemata）》。

3　《问题集》第30卷第10章。

第5章

亚历山大国王和哲学家亚里士多德通信的一个例子，文如原信；以及其拉丁语译文。

（1）据说国王亚历山大的老师、哲学家亚里士多德有两套传授给学生的教材与学识。其中一套他称之为“外传”（ἐξωτερικά），另一套则称为“耳传”（ἀκροατικός）[1]。（2）所谓外传，传授修辞练习、灵活应对的能力以及政治事务的知识。（3）而在所谓耳传的教育里，对更为精深奥妙的哲学进行讨论，涉及对自然的思考或者辩证的论辩。（4）那种我称之为“耳传”的教育，亚里士多德在吕克昂（Lycium）[2]利用上午的时间进行，而且，在对某人的天资、基础知识以及学习的热忱与努力进行考察之前，他不会贸然接受此人参加这种教育。（5）而那些外传教育的听课与演说练习，他则于晚间在同一地点进行，对普通的年轻人授课，无须甄选。他把后者称为“晚间漫步”（δειλινὸς περίπατος），把前者称为“晨间漫

1 通常被叫作“秘传”学说（ἐσωτερικά）。这个词开始时用于亚里士多德的耳传作品。这些作品不像他的外传的《对话》那样对外公开，而只念给听者听，具有严格的科学特征。除了他的《对话录》残篇之外，他的其他流传下来的作品都属于后者。

2 参看本书第7卷第16章第1节注。

步”（ἑωθινός）。两个情况下，他都是边散步边讲授。（6）他还把自己谈论各门学科的书进行了划分，一种称为“外传”书，另一部分被称为“耳传”书。

（7）当亚历山大国王得知亚里士多德广泛发行那些“耳传”著作时，正值他的军队几乎占领了整个亚细亚，并藉着进攻的节节胜利[1]紧逼大流士王（Darius）[2]本人。在军务如此紧迫的关头，他写了封信给亚里士多德，说后者通过公开发行书籍，将他自己也曾蒙受教诲的“耳传”教义公之于世，是不对的：（8）“要是我从你这里得到的所有知识都完全成为众人的财富，那么我还能凭借什么超越他人呢？因为相较于财富和权力，我更愿意在学识上一马当先。”[3]

（9）亚里士多德对他所作的答复大意如下：“你抱怨我将那些‘耳传之书’公布于世，而不是藏之深阁，秘而不宣。你要知道，这些书籍既已发表也未发表。因为，只有对那些听过我的课的人来说，这些书是可以看懂的。”

（10）我从哲学家安德罗尼库斯（Andronicus）[4]的书中将两封信的原文抄录于此。我特别喜爱这两封信的行文精巧，简洁优雅。

“（11）亚历山大问候亚里士多德，您将耳传的学问公之于众，此举不妥。若我受您教诲而得的学问为众人所共享，我将何以超越他人？就我而言，相较于权力，我更愿因见识高超而一马当先。祝您健康！”

“（12）亚里士多德问候国王亚历山大，您就耳传学问一事致

1　涉及公元前 331 ～前 330 年的胜利进攻，尤其以高加麦拉（Gaugamela）战役和阿尔贝拉（Arbela）战役为标志。

2　即大流士三世（Darius III，公元前 380 年～前 330 年），他在亚历山大追到他之前就已被部下所杀。

3　参看《希腊罗马名人传 · 亚历山大》第 7 节。

4　罗德岛的安德罗尼库斯（Andronicus Rhodius，希腊文 Ἀνδρόνικος ὁ Ῥόδιος），活跃于公元前 60 年。曾是逍遥派的首领，他结集出版了亚里士多德的著作全集。

函于我，以为我当将它们藏之深阁，秘而不宣。但是您须知晓，这些学问既已发表，亦未发表。因为只有那些曾聆教于我者，方能理解其意（ξυνετοὶ γάρ εἰσιν）。祝您健康，亚历山大王！”

（13）当我试图用一个词来表示 ξυνετοὶ γάρ εἰσιν 一语时，只发现了马尔库斯·加图写于《史源》第6卷中的话：“所以我认为，知则易懂（cognobiliorem cognitionem esse）。”

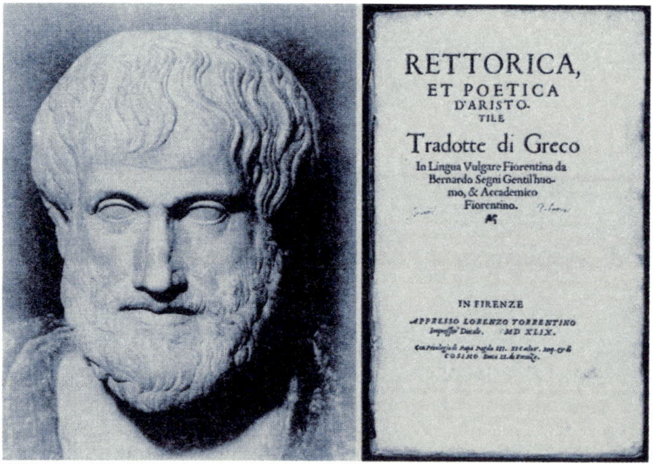

亚里士多德像及其《诗学》封面

亚里士多德（约公元前384年～前322年），古代世界最伟大的哲学家、科学家和教育家。

第6章

有关habeo curam vestri和vestrum哪一种更准确的问题和探讨。

（1）我年轻时在罗马跟从苏尔皮基乌斯·阿波利纳瑞斯学习时，曾经问他，人们因何理由说“habeo curam vestri（我关心你）”或者“misereor vestri（我可怜你）”，以及为何此处的vestri似乎用了直格。（2）他这样回答我：“你问我的问题也是一个长久困扰我的问题。看起来应当说vestrum而不是vestri，就像希腊人说 **ἐπιμελοῦμαι ὑμῶν** 和 **κήδομαι ὑμῶν** 那样。**ὑμῶν** 在这里翻译成vestrum比vestri更合适。vestri在这里是主格，即如你所说的直格。（3）但是我在不少地方也发现用nostri和vestri而非nostrum和vestrum的情况。卢基乌斯·苏拉在《功业录（Res Gestarum）》的第二卷中写道：‘如果能够这样，此刻您想到并且相信我们（nostri）算得上是公民而非敌人，使用我们是为您御敌而不是与您为敌的话，那么我们和我们的先辈都将会当之无愧。’（4）泰伦提乌斯在《福尔弥昂（Phormio）》中写道：

我们天性大多如此，总对自己（nostri）不大满意。[1]

---

1 《福尔弥昂》第172行。

（5）阿弗拉尼乌斯（Afranius）[1]在一出长袍剧（togata）中写道：

也不知哪位神明终于对我们（nostri）心中不忍。

（6）拉贝里乌斯在《招魂（Necyomantia）》中写道：

经过漫长的羁留，他早已将我们（nostri）忘怀。”

“（7）毫无疑问，”他说，“所有这些表述，像 nostri paenitet（我们不满）、nostri oblitus est（忘了我们）以及 nostri misertus est（可怜我们），都和 mei paenitet（我不满）、mei misertus est（可怜我）以及 mei oblitus est（忘了我）使用的是一样的格。（8）Mei 是表示询问的格，语法家们称之为属格，是 ego 的变格；后者的复数是 nos。Tui 也是 tu 的变格，后者的复数是 vos。（9）事实上普劳图斯在《普修多卢斯（Pseudolus）》的下列诗句中就是这样变格的：

主人啊，若是您不开口我就明白
是什么苦难令您如此痛苦悲哀，
我情愿免去我们两人的烦劳
我（mei）不必发问您（tis）也无需吐露心怀。[2]

普劳图斯在此处用了由 ego 变格而来的 mei，而不是 meus。（10）因此，你说‘我的父亲’时要用 patrem mei 而不是 patrem meum，就像希腊人说 τὸν πατέρα μου 一样。这样说有些不同寻常，但是肯定是正确的，如同普劳图斯基于同样的道理说 labori mei（我的困难）而不是 labori meo。（11）这一规则也适用于复数，格拉古（Gracchus）[3]就说 misereri vestrum（怜悯你们），而马尔库斯·西塞罗说了 contentio vestrum[4]和 contentione nostrum[5]（你

1 参看本书第 10 卷第 11 章第 8 节注。

2 《普修多卢斯》第 3 行起。

3 即盖乌斯·塞姆普罗尼乌斯·格拉古（Gaius Sempronius Gracchus）。参看本书第 1 卷第 11 章第 10 节注。

4 《为普兰西乌斯辩护（Pro Plancio）》第 16 节。

5 《控昆图斯·凯基利乌斯（Divinatio in Q. Caecilium）》第 37 节。

们的努力），夸德里伽里乌斯在其《编年史》第19卷中写道：'盖乌斯·马略，你何时才愿怜悯我们（nostrum）和共和国？'为什么泰伦提乌斯说 paenitet nostri 而不是 nostrum，阿弗拉尼乌斯说 nostri miseritus est 而不是 nostrum 呢？（12）在我看来，除了古人的权威以外，实在想不出什么理由能解释这一现象，因为那时的人说起话来没那么咬文嚼字。例如在很多场合，vestrum 都被写作 vestrorum，例如普劳图斯在《凶宅（Mostellaria）》中写道：

你们中的（vestrorum）大多数知道这是事实。[1]

当他宁愿说'你们（vestrum）中的大多数人'时，有时也有人用 vestri 来代替 vestrum。（13）但是毫无疑问，要是谁想说得尽量正确的话，他会宁愿用 vestrum 而不是 vestri。（14）因此，"他说，"那些在撒路斯特著作的许多抄本中篡改纯正原文的人行事极为专横武断。尽管《喀提林阴谋（Catilina）》中这样写着：你们的（vestrum）先人常常同情罗马的平民[2]，这些人却删去了 vestrum，代之以 vestri。自此以后，此类谬误的例子开始蔓延到许多书中。"

（15）这是我从阿波利纳瑞斯那里听来的话，我把它们记录下来，与原话分毫不差。

1 《凶宅》第280行。

2 《喀提林阴谋》第33节。

第 7 章

希腊人对尼俄柏的孩子数量的不同见解。

（1）人们发现希腊诗人关于传说中尼俄柏（Nioba）的孩子数量的见解大相径庭，令人惊讶，几近荒唐。荷马说她有六子六女[1]，欧里庇特斯说子女各为七个[2]，萨福说各有九个，而巴克克苏利得斯（Bacchylides）[3]和品达则说各有十个，还有一些作者说只有三子三女。

1 《伊利亚特》第 24 卷第 602 行。

2 《腓尼基妇女（Φοίνισσαι）》第 159 行。

3 巴克克苏利得斯（Bacchylides，希腊文名：Βακχυλίδης，公元前 518 年～前 451 年）是一位希腊抒情诗人。一生著有颂歌、酒歌、赞歌、进行曲等作品，但是流传下来的极少。

第 8 章

与月亮盈亏巧合的事物。

（1）诗人安尼阿努斯（Annianus）[1]在法莱里（Falerii）[2]地区有一个田庄，他通常会兴高采烈地庆贺葡萄丰收。（2）在这样的时节，他邀请我和其他一些朋友去做客。（3）当我们一起进餐时，从罗马送来了一大堆牡蛎。这些牡蛎摆在我们面前，数不胜数，但是并不肥嫩多肉。安尼阿努斯说道："现在正是月亏，因此牡蛎跟其他东西一样瘦小而无汁。"（4）我们问他还有什么东西也会随着月亏而衰弱，他答道："你们难道不记得我们的卢齐利乌斯说过：

月亮滋润了牡蛎，让海胆丰满，给贻贝添上了肝脏和肚肠。[3]

（5）此外，同样的这些东西既会随着月盈壮大，也会随着月亏停滞。（6）猫的眼睛也随着月亮的圆缺变大变小。（7）更令人惊奇的是，"他说，"我在普鲁塔克的《赫西俄德评注（In Hesiodum Commentarius）》第 4 卷中读到：'洋葱在月缺时透绿

1　参看本书第 6 卷第 7 章第 1 节注。

2　意大利伊特鲁里亚南部的一个城市。

3　贺拉斯《讽刺诗集（Sermones）》II.4.30 和西塞罗《论预言（De Divinatio）》II.33 中有类似的说法。

而发芽，与之相反，在月圆时枯萎。埃及的祭司说，因为这个理由，佩鲁西乌姆（Pelusium）[1]人不食洋葱，因为它是唯一一种其缩小与长大与月亮的圆缺相反的蔬菜。’”

1 尼罗河河口的一座城市。

第9章

格奈乌斯·马提乌斯的抑扬格拟剧中的话，安东尼乌斯·尤利阿努斯常以此来作为消遣；以及马尔库斯·加图在阐述本人正直品格的演说中说“我从未向人民索要衣着”时究何所指。

（1）安托尼乌斯·尤利阿努斯说他的耳朵听见博学多艺的格奈乌斯·马提乌斯（Gnaeus Matius）[1]所杜撰的新词时会陶然而乐，如下所示，（2）他提到马提乌斯将这些词写在抑扬格拟剧（Mimiambi）中：

Sinuque amicam refice frigidam caldo
Columbulatim labra conserens labris.
用温暖的怀抱唤醒冰冷的爱人，
像小鸽子一样嘴唇紧贴着嘴唇。

（3）他还宣称这些词也造得悦耳而巧妙：

iam tonsiles tapetes ebrii fuco
quos concha purpura imbuens venenavit.[2]

1　参看本书第7卷第6章第5节注。

2　Ebrii、imbuens 和 venenavit 三个词的用法是诗人新创的。

……

剪过的地毯红得好似醉后的酡颜，

原来是骨螺[1]给它涂上紫色的液汁。

……[2]

1 可能是指染色骨螺（Murex trunculus），曾经被作为泰尔红紫染料的原料。

2 此处有阙漏。

第 10 章

Ex iure manum consertum 一语究何所指。

（1）“Ex iure manum consertum（依法用手按住）”[1]是古代诉讼中起诉要求返回财物（vindiciae）时所用的术语，如今这些诉讼通常仍在大法官面前审理。（2）我曾经问一位声名卓著的罗马语法学家，这段话究何所指。他傲慢不逊地答道：“年轻人，你要么是弄错了，要么就是在开玩笑；我是教文法的，不回答法律问题；如果你想知道有关维吉尔、普劳图斯或者恩尼乌斯的事，倒是可以问我。”

（3）我说道：“那么，先生，这个问题就是来自恩尼乌斯。（4）因为正是恩尼乌斯用了这段话。”那位语法学家大吃一惊，说这段话与诗体不符，在恩尼乌斯的诗中也无处可寻。我就念了《编年纪》第 8 卷中的下述诗句，我恰好记得这一段，似乎因为它们比其他部分更加引人注目：

聪明和才智抛到了一边，武力将一切掌管，
演说家的忠言无人理睬，却喜欢兵士勇蛮，

1　参看西塞罗《论演说家》第 1 卷第 41 节。

打仗不靠学者的文章，互相攻讦也没啥用场，
混战中他们冲上前去，让仇恨充满了胸膛，
“依法用手按住”，不如用剑论个弱强，
为了财富还有权力，凶猛的进攻无人能挡。[1]

（5）我念了恩尼乌斯的诗句后，那位语法学家说道：“我相信你了。但是我也希望你相信我，昆图斯·恩尼乌斯不是从诗篇，而是从某个精通法律的人那里学到这件事。所以你也应该像恩尼乌斯那样，从这样的人那里学习这件事。”

（6）我听从了那位先生的建议，他向我介绍了另一个人，我从那人那里学到了那位先生应当自己教我的东西。我认为我当在这部笔记中加入我从法学家和他们的著作中学到的东西，因为生活在人间俗事之中的人们不应当对民事诉讼中的常用语一无所知。（7）“用手按住（manum conserere）”……因为，对某争讼物，无论是土地还是其他东西，在实物现场进行审断时，与对方同时手按住此争讼物，并以程式用语对此物提出要求，这就是“vindicia（提出要求）”。（8）根据《十二铜表法》，诉讼当事人在大法官面前按住争讼物品或者一个部位，该法如此写道：“如果当事人在法官面前按住（争讼物）。”[2]（9）但是在后来，意大利边界扩张，大法官们日益忙碌于司法事务，难以承受前往远地处理争讼物追还，于是在默许的情况下，建立了与《十二铜表法》相反的制度，即争讼者无须在法庭上当着大法官的面按住争讼物，而是可以召唤“依法用手按住争讼物”，即一方召唤另一方按照法律用手按住争讼的物品。他们应当同时前去争讼的土地取来一些泥土，比如一捧土，将它带到城里大法官的法庭上，就像对整块田地那样对一捧土提出要求。（10）因此，恩尼乌斯的话想要表明：物品的索回，不

1　《编年纪》第 8 卷第 263 ~ 268 行。西塞罗《为卢基乌斯·穆莱那辩护（Pro L. Murena Oratio）》第 30 节的同一引文开头处还多了“proeliis promulgatis（宣战之后）”。

2　《十二铜表法》第六表第六条。中译文参考了徐国栋译文。

是靠通常在大法官面前提起的法律诉讼，也不靠“依法用手按住争讼物”，而是靠战争和剑，靠实实在在、坚不可破的力量。他似乎通过将这种民事的、象征性[1]的力量，这种只在名义上出现，却从未付诸实施的力量，和战争的血腥力量进行比较，来表达上述观点。

维吉尔像　雕塑

维吉尔（公元前70年～前19年），是古罗马奥古斯都时期最重要的诗人。其代表作是史诗《埃涅阿斯纪》。

1　象征性的原文是 festucarius，源自 festuca 一词，后者指大法官的一种权杖，用来触碰奴隶的头，象征予以释放。

第 11 章

马尔库斯 · 瓦罗所使用的 sculna 一词的含义。

（1）普布利乌斯 · 拉维尼乌斯（Publius Lavinius）[1] 的一部书是精心之作。其名为《论俗语（De Verbis Sordidis）》。（2）在书中他写道 sculna（仲裁者）是 seculna[2] 的俗语形式。他还说："更为优雅的人使用 sequester。"（3）以上两个词都来源于 sequor，因为双方都要听从所挑选的仲裁者的调停。（4）同一位拉维尼乌斯还在同一书中提醒道，sculna 一词 在马尔库斯·瓦罗《轶事集（Logistoricus）》一书中名为《卡图斯（Catus）》的一篇中使用过。（5）但是，"存放于仲裁者处之物 "，人们用副词来表达：sequestro positum。加图在《论托勒密控色穆斯》中说："以不朽的诸神的名义，你们不要……"[3]

---

1 生平不详。

2 Sculna 或者 seculna 可能源自伊特鲁里亚语。

3 此处有阙漏。

专用译名对照表

B

C

D

E

F

G

H

J

K

N

O

P

R

S

T

W

X

Y

参考书目

莱斯莉·阿德金斯等著：《探寻古希腊文明》，张强译，商务印书馆2010年版。

莱斯莉·阿德金斯等著：《探寻古罗马文明》，张楠等译，商务印书馆2008年版。

王焕生著：《古罗马文学史》，中央编译出版社2008年版。

江澜著：《古罗马文学史》，华东师范大学出版社2019年版。

罗念生著：《罗念生全集》，上海人民出版社2007年版。

《荷马史诗·奥德赛》，王焕生译，人民文学出版社1997年版。

普劳图斯等著：《古罗马戏剧选》，杨宪益等译，人民文学出版社2000年版。

乔治·萨顿著：《希腊黄金时代的古代科学》，鲁旭东译，大象出版社2010年版。

《世界著名法典汉译丛书》编委会：《十二铜表法》，法律出版社2000年版。

克劳斯·布林格曼著：《罗马共和国史》，刘智译，华东师范大学出版社2014年版。

科瓦略夫著：《古代罗马史》，王以铸译，上海书店出版社2007年版。

贺拉斯著：《贺拉斯诗全集》，李永毅译注，中国青年出版社2017年版。

苏维托尼乌斯著：《罗马十二帝王传》，田丽娟、邹恺莉译，上海三联书店2010年版。

菲利普·内莫著：《罗马法与帝国的遗产》，张竝译，华东师范大学出版社2011年版。

安德鲁·林托特著：《罗马共和国政制》，晏绍祥译，商务印书馆2014年版。

第欧根尼·拉尔修著：《名哲言行录》，徐开来、溥林译，广西师范大学出版社 2010 年版。

Simon Hornblower and Antony Spawforth,The Oxford Classical Dictionary(Third Edition Revised),Oxford University Press,2003.

后　记

自周维明于 2011 年 6 月发起翻译《阿提卡之夜》的倡议以来，已经过去了整整十年。一个四个人的团队，花这么长的时间去翻译一部算不上卷帙浩繁的书，说起来真是有点惭愧。唯一值得欣慰的是，四个原先素不相识，各处天南海北、身份各异，年纪相距甚远的人，能够矢志不渝，默契配合，终于完成了全书的翻译。

《阿提卡之夜》属于古罗马文学白银时代的作品，文字相当晦涩，作者革利乌斯又偏好使用生僻词汇，再加上内容涉及哲学、历史、文学、语言学、法学等各种学科，几乎无人拥有如此广博的知识储备，因此此书的翻译颇为棘手，稍有不慎就会漏洞百出。所幸四人中，法学、哲学、历史、语言文学等各有所长，加上通晓拉丁语、古希腊语、德语、法语等语言，可以参考大量原文资料，因此大体上尚能应付自如。

原书有 20 卷（第 8 卷因亡佚只余各章篇头），分成四册出版，分工大致如下：每册 5 卷，周维明和虞争鸣各负责翻译 2 卷、吴挺负责 1 卷，归伶昌负责 5 卷中有关哲学的篇章。全书的注释和译名统一主要由虞争鸣负责。第一册的校对由周维明和虞争鸣负责，二至四册的校对由虞争鸣负责。

在翻译与出版过程中，中国法制出版社的戴蕊、卜范杰、李宏伟编辑给予了大力支持，蒋怡编辑为本书提供了大量精美的插图。在此谨表谢意。

限于译者的学识水平和语言能力，对原文理解有误或者错漏之处在所难免。我们祈望读者和业内专家学者不吝批评指正，将来待有机会再版时我们再予以订正。

周维明、虞争鸣、吴挺、归伶昌　谨记

2021 年 8 月

图书在版编目(CIP)数据

阿提卡之夜. 16-20卷 / （古罗马）奥卢斯·革利乌斯 (Aulus Gellius) 著；周维明等译. — 北京：中国法制出版社，2021.9

ISBN 978-7-5216-2156-3

Ⅰ. ①阿… Ⅱ. ①奥… ②周… Ⅲ. ①罗马法 — 文集 Ⅳ. ①D904.1-53

中国版本图书馆CIP数据核字（2021）第186333号

责任编辑 / 李宏伟（lhwstc@163.com） 书籍设计 / 李 宁

阿提卡之夜（16–20卷）
ATIKA ZHI YE（16–20 JUAN）

著者 /〔古罗马〕奥卢斯·革利乌斯
译者 / 周维明 虞争鸣 吴挺 归伶昌
经销 / 新华书店
印刷 / 三河市紫恒印装有限公司
开本 / 880 毫米 × 1230 毫米 32开 印张 / 7.875 字数 / 116千
版次 / 2021年9月第1版 2021年9月第1次印刷

中国法制出版社 出版
书号：ISBN 978-7-5216-2156-3 定价：35.00元

北京市西城区西便门西里甲16号西便门办公区 传真：010-63141852
邮政编码：100053
网址：http://www.zgfzs.com 编辑部电话：010-63141804
市场营销部电话：010-63141612 印务部电话：010 63141606